Joan Sallas

Origami-Spaß für Kinder

Knaur

Joan Sallas

Origami-Spaß für Kinder

Pfiffiges Papierbasteln zum Spielen und Staunen

Ab 4 Jahren

Inhalt

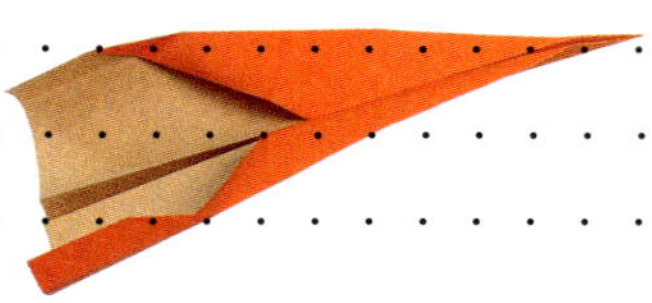

Vorwort für Kinder

Hallo,
hast du schon einmal ein Papierflugzeug gefaltet und vom Balkon aus hinuntergeworfen? Bestimmt! Es gibt aber nicht nur Papiere, die fliegen können, sondern auch solche, die springen, schwimmen, sprechen, singen, sich drehen, tanzen, zaubern, kochen oder knallen können und noch vieles mehr.

Als Kind spielte ich genauso wie du mit Papierflugzeugen und anderen Dingen, die man aus Papier basteln und falten kann. Und die Beschäftigung mit diesen Papiersachen war so lustig, dass ich jetzt, viele Jahre später, immer noch damit spiele. Eines Tages entschied ich mich, die lustigsten Spielsachen aus Papier, die ich kannte, zu sammeln und in einem Buch zu erklären, wie man sie herstellt. Herausgekommen ist dieses Buch, das du gerade liest.

Um die Kunst des Papierfaltens, die man auch Origami nennt, zu beherrschen, muss man schon ein großer Origami-Meister sein. Aber es gibt auch einfache Figuren, z.B. die in diesem Buch, welche bereits Origami-Schüler wie du anfertigen können.

Alle Figuren schaffst du, wenn du ein bisschen übst. Zu diesem Zweck habe ich die Anleitungen Schritt für Schritt gezeichnet und beschrieben. Du brauchst nur etwas Konzentration und Geduld, damit die Faltungen ganz genau und sauber werden.

Wenn du merkst, dass eine Faltung etwas schief geworden ist (das passiert manchmal auch mir), dann entfaltest du sie wieder und wiederholst den Schritt, dieses Mal richtig.

Wenn es Schwierigkeiten gibt, lass dir von einem Erwachsenen helfen.

Vergiss nicht, dass dieses Buch vor allem dazu gedacht ist, Spaß zu haben. Es bringt nichts, wenn man sich mit dem Papier herumärgert. Mir persönlich macht das Falten von Papierspielzeug nicht nur riesigen Spaß, sondern es macht mich auch glücklich, wenn ich daran denke, dass ich danach damit spielen kann. Hoffentlich geht es dir genauso.

Wenn du mir etwas mitteilen oder dich nach etwas erkundigen möchtest, dann schreib mir. Hier meine E-Mail-Adresse:

sallas-origami@web.de

Ich würde mich über deine Kommentare und Ideen sehr freuen.

Viel Spaß!
Joan Sallas

Vorwort für Erwachsene

Lieber Mitfalter und Mitspieler,

dieses Buch wurde mit einem doppelten pädagogischen Ziel konzipiert: Es soll Kinder das Papierfalten lehren und sie zum Spielen anregen. Mit sehr geringem Material- und Zeitaufwand können Ihre Kinder Spielsachen basteln, in denen Überraschungen verborgen sind, denn nach dem Falten passiert immer etwas Unerwartetes.

Die hier dargestellten Spielgegenstände sind zumeist traditionelle Figuren und für Kinder zwischen vier und zehn Jahren geeignet. Da die Figuren unterschiedlich schnell bzw. mit mehr oder weniger Fingerfertigkeit zu basteln sind, habe ich sie vier Schwierigkeitsgraden zugeordnet, damit die Kinder mit den einfachsten beginnen können. Zu diesem Zweck sind die Anleitungen zu den leichtesten Figuren am detailliertesten und in kleineren Schritten dargestellt.

Bevor die Kinder anfangen, sollten sie etwas über die Faltsymbole, die kleine Origami-»Sprache«, wissen. Erst dann werden sie die Bilder richtig verstehen. Zum Beispiel können sie im Kapitel »Faltsymbole« auf den Seiten 9 bis 11 erfahren, in welche Richtung das Papier gefaltet werden soll.

Fast alle Papierfiguren kann man zügig falten. Freilich geht es oft nicht so schnell, wie es sich die Kinder vorstellen. Die pädagogische Komponente besteht also nicht in erster Linie in dem Erlernen der Faltschritte, sondern vor allem in der Erfahrung, dass man nur durch Übung Fingerfertigkeit erwerben kann und für alles Zeit, Ruhe und Geduld braucht. Später ist alles, was am Anfang noch unmöglich erschien, die einfachste Sache der Welt.

Abgesehen davon, dass Sie den Kindern bei Schwierigkeiten helfen sollen (vor allem da, wo das Scherensymbol auftaucht), können Sie ihnen zeigen, dass sich auch Erwachsene für das Papierfalten begeistern und Spaß am Spielen haben können. Schließlich lernen Kinder mehr von dem, was wir Erwachsene tun, als von dem, was wir nur sagen.

Mit gefalteten Grüßen
Joan Sallas

PS: Die Auffassung, nach der im Origami keine Schere benutzt werden darf, wird bei diesen Spielen nicht berücksichtigt. Denn viele von ihnen waren schon längst erfunden, als diese Regel entstand; auch die allgemeine Bezeichnung »Origami« selbst existierte zu dieser Zeit noch nicht. Und schließlich ist dieses Buch ja für Kinder gedacht; der Weg zur Origami-Kunst kann ihnen gerade mit solchen Spielen am besten gezeigt werden.

Bevor du mit dem Basteln anfängst …

… musst du dir kurz ein paar Dinge anschauen. Dazu gehören z.B. das Lexikon (siehe Seiten 68 und 69) und die Faltsymbole (siehe ab Seite 9), die dir erklären, in welche Richtung man das Papier faltet. Du brauchst nicht alles auswendig zu lernen. Einfach nachschlagen, wenn ein neuer Begriff oder ein unbekanntes Symbol kommt oder wenn du eines vergessen hast.

Überall da, wo eine Schere bei der Anleitung abgebildet ist, lässt du dir von einem Erwachsenen helfen. Verwende immer eine Schere mit abgerundeter Spitze, damit du dich nicht verletzen kannst.

Jede Figur ist mit ein, zwei, drei oder vier Vögeln gekennzeichnet. Die Anzahl der Vögel bedeutet:

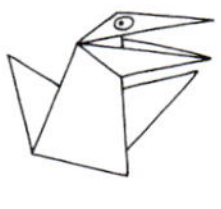

sehr einfach

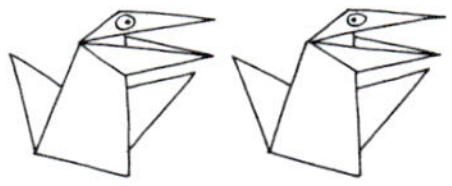

einfach

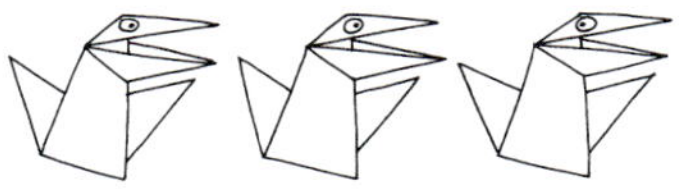

für etwas geübtere Hände

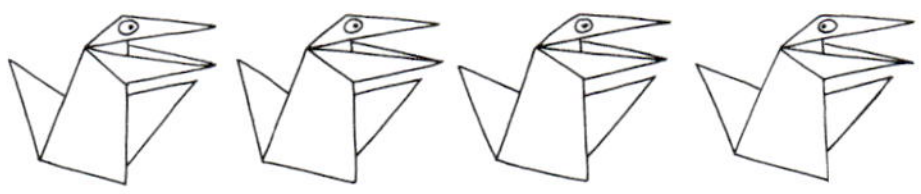

für ganz geübte Hände

Papierarten

Für die Figuren in diesem Buch kannst du Origami-Papier benutzen, aber auch ganz normales Pack-, Geschenk- und sogar Zeitungspapier – Hauptsache, es lässt sich gut falten. Das heißt, die Falten müssen fest und sauber bleiben.

Meistens benutzt man im Origami eine quadratische Grundfläche, auch in diesem Buch. Manche Figuren werden aber mit einem normalen DIN-A4- oder DIN-A3-Bogen oder mit einem Blatt in Streifen- bzw. Kreisform gefaltet.

Je nach Spiel bietet es sich an, entweder mit ein- oder mehrfarbigem, z.B. gemustertem Papier zu basteln. Die Verwendung von Papier, das auf jeder Seite eine andere Farbe hat, ist nur dann sinnvoll, wenn bei der fertigen Figur beide Seiten sichtbar sind. Du kannst das Papier auch bemalen, bevor du es faltest.

Für manche Figuren musst du dickeres, für manche dünneres Papier benutzen. Lies dir immer vorher die jeweilige Materialliste durch und schau nach, was du alles zum Basteln der jeweiligen Figur benötigst. Manchmal wird dort auch eine bestimmte Papierart empfohlen.

Bevor du eine Figur mit einem kostbaren Papier faltest, solltest du erst einmal mit einem ganz normalen Papier üben. Du musst auch ausprobieren, welche unterschiedlichen Ergebnisse du mit verschiedenen Papiergrößen und -qualitäten erhältst, und herausfinden, was dir am besten gefällt. Später, wenn du genügend Erfahrungen gesammelt hast, kannst du dann ganz nach Belieben vorgehen und musst dich nicht mehr strikt an die Angaben im Buch halten.

So gehst du vor

1 Schau dir zuerst genau die gezeichneten Faltlinien und Faltsymbole eines Bildes an und versuche, alles zu verstehen.

2 Überlege, wo und wie das, was du auf diesem Bild siehst, mit deinem Papier gefaltet werden soll.

3 Falte nun langsam und mit sauberen Fingern dein Papier so, wie du das Bild verstanden hast.

4 Um zu wissen, ob du alles richtig gemacht hast, überprüfe deine Faltung mit Hilfe des nächsten Bildes. Wenn die Faltungen nicht übereinstimmen, ist dir ein Fehler unterlaufen. Dann musst du den letzten Schritt rückgängig machen und das Papier wieder entfalten. Überprüfe nochmals alle gezeichneten Linien, Symbole und den Text des vorhergehenden Bildes und suche den Fehler. Wenn du ihn nicht findest, frage einen Erwachsenen. Wenn du den Fehler gefunden hast, wiederhole die Faltung, aber dieses Mal richtig.

5 Wenn du dir sicher bist, dass alles richtig gefaltet ist, falzt du mit deinen Fingernägeln die soeben gefaltete Papierfläche kräftig, um eine besonders deutliche und saubere Faltung zu bekommen.

6 Jetzt gehst du zum nächsten Bild über und fängst wieder mit Punkt 1 an.

Faltsymbole

Damit alle »Falter« alle Anleitungen richtig nachvollziehen können, wurden Symbole erfunden, die weltweit gültig und verständlich sind. Sie erklären uns, was wir mit dem Papier machen sollen.

Zwei Faltsymbole kommen am häufigsten vor: das Talfalt- und das Bergfaltsymbol.

Neben diesen zweien wirst du andere Symbole finden, welche die Information der Tal- und der Bergfalte ergänzen und erweitern. Hier kommt eine Auflistung mit den entsprechenden Falterklärungen:

1

Talfalte

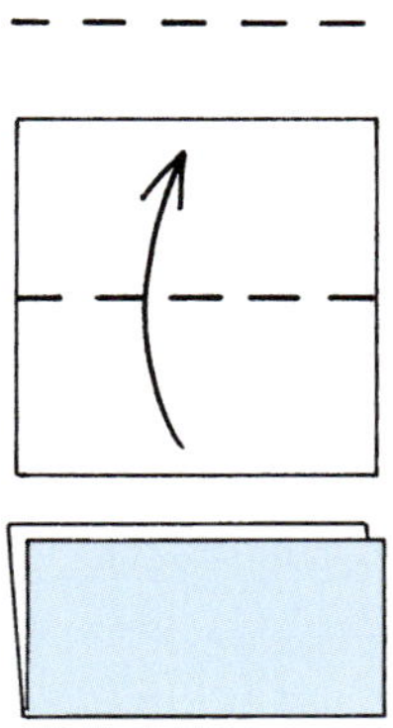

Bergfalte

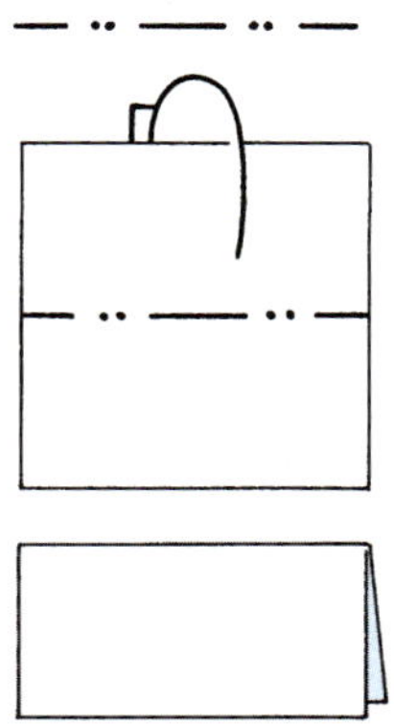

Die Tal- und die Bergfalte heißen in allen Sprachen gleich, damit alle Menschen auf der ganzen Welt die Anleitungen verstehen können. Du wirst merken, dass eine Talfalte eine Talform und eine Bergfalte eine Bergform hat. Die Talfalte musst du immer nach vorne falten und die Bergfalte nach hinten. Ein Pfeil zeigt dir, in welche Richtung du falten musst. Beachte, dass die Pfeilspitze für eine Talfalte anders gezeichnet ist als die für eine Bergfalte.

2

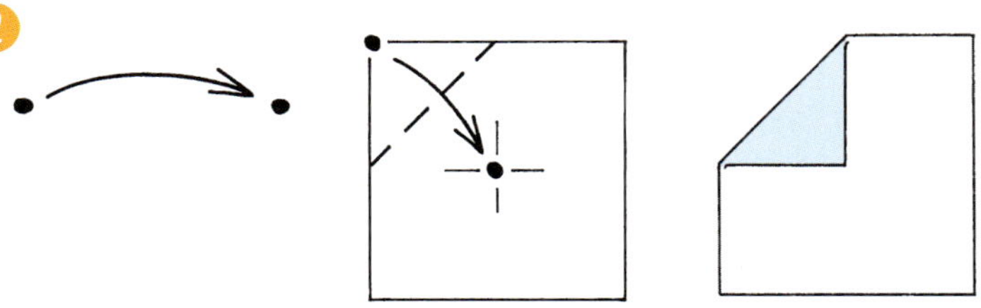

Punkte helfen dir, dich zu orientieren und darüber Bescheid zu wissen, in welche Richtung du das Papier falten sollst. Der Punkt am Pfeilanfang muss direkt auf den Punkt an der Pfeilspitze gelegt werden. Ein Punkt ohne Pfeil (z.B. beim »Bandoneon«, Schritt 9, auf Seite 43) bedeutet, dass du einfach mit dem Finger diese Stelle eindrücken sollst.

3

Doppelter Pfeil

Vorhandene Linie

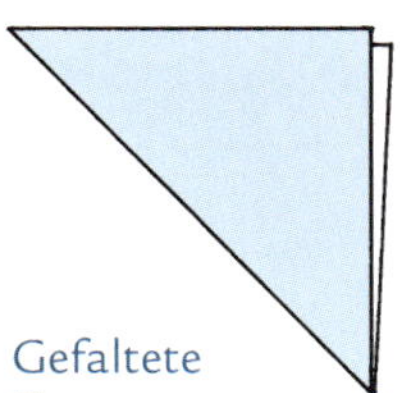

Gefaltete Figur

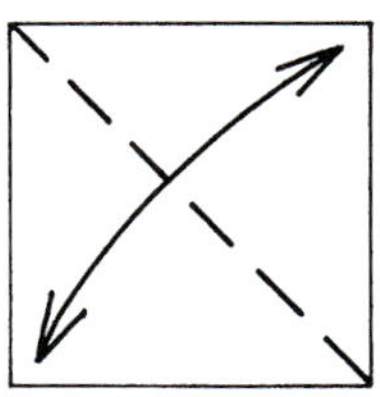

Falten und entfalten

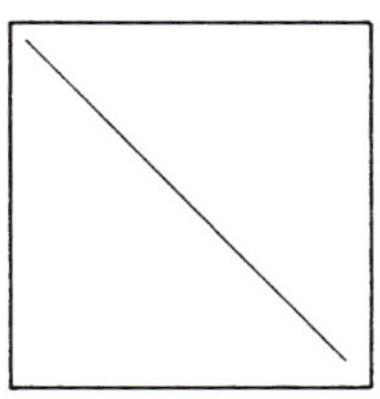

Entfaltete Figur

Bei einem doppelten Pfeil musst du das Papier zuerst über die Faltlinie falten und danach wieder entfalten. Alles, was du gefaltet und wieder entfaltet hast, ist beim nächsten Schritt als ein dünner Strich dargestellt, den man »vorhandene Linie« nennt. Diese dünnen Linien sind sehr wichtig, weil sie dir bei der Orientierung helfen.

4

Punktlinie

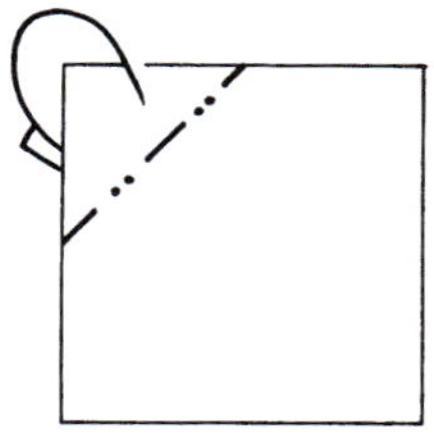

Faltvorgang nach hinten

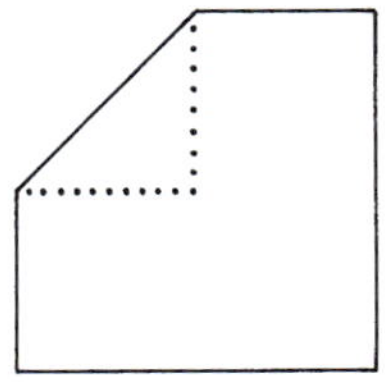

Verdecktes Dreieck

Die Punktlinien zeigen an, was du in deiner Faltung nicht sehen kannst, weil der entsprechende Teil von einer anderen Papierschicht oder sogar von mehreren verdeckt wird. Sie werden als eine Art Origami-Röntgen eingesetzt, mit welchem die »Knochen« der gefalteten Figur sichtbar gemacht werden. Eine Punktlinie kann ein Pfeil, eine Faltlinie oder eine verdeckte Schicht sein.

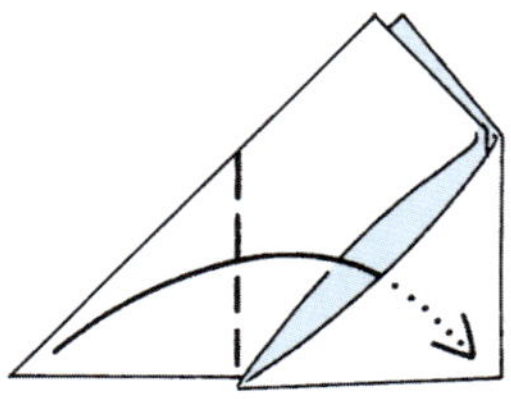

Faltvorgang

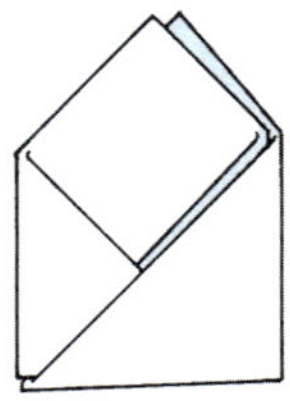

Der linke gefaltete Teil steckt verborgen in rechter Tasche

5

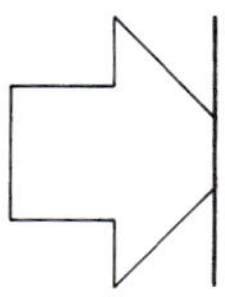

Öffnen

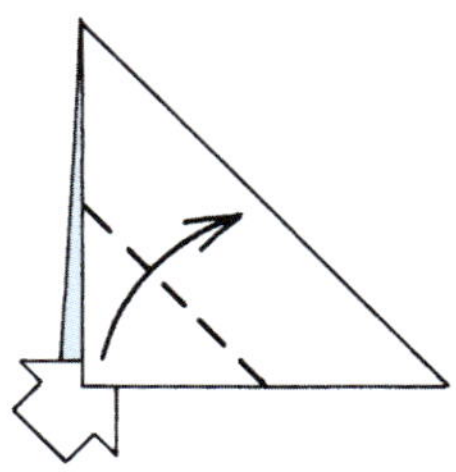

Nur die obere Schicht wird gefaltet

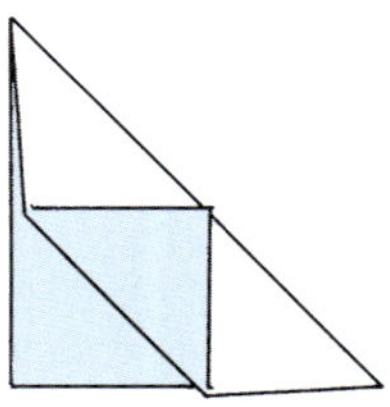

Beendeter Faltvorgang

Der dicke Pfeil, der nach innen zeigt, bedeutet, dass du nicht die ganze Figur, sondern nur die Schicht mit der Faltlinie falten sollst. Du musst also vorher die Schichten bzw. Klappen etwas auseinander ziehen, um die richtige zu erwischen.

6

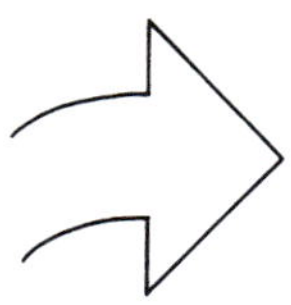

Herausziehen

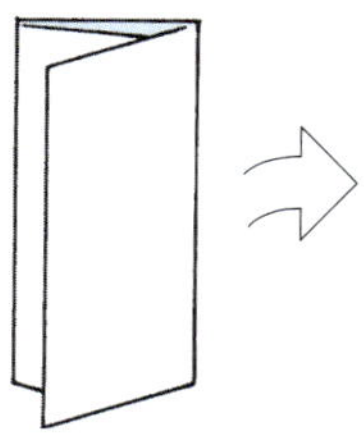

Entfalten

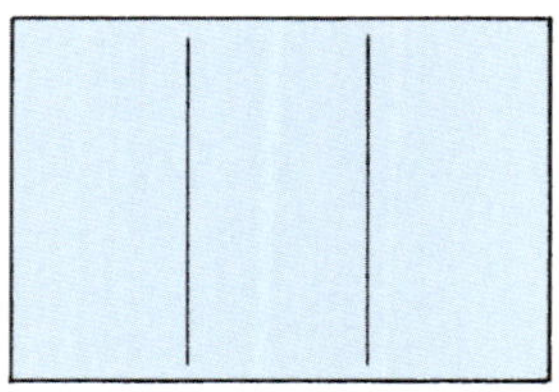

Entfaltete Figur

Der dicke Pfeil nach außen heißt: Du sollst die gefaltete Schicht, von der der Pfeil ausgeht, herausziehen, also wieder entfalten.

7

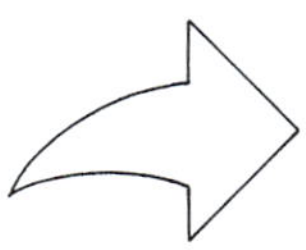

Vergrößerter Maßstab

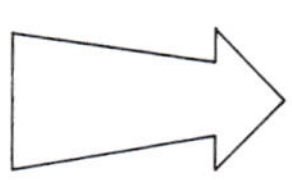

Verkleinerter Maßstab

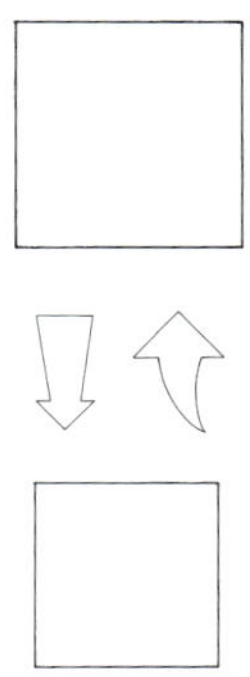

Diese Symbole stehen nur zwischen zwei Bildern und bedeuten, dass der nächste Schritt in einem größeren bzw. kleineren Maßstab gezeichnet ist.

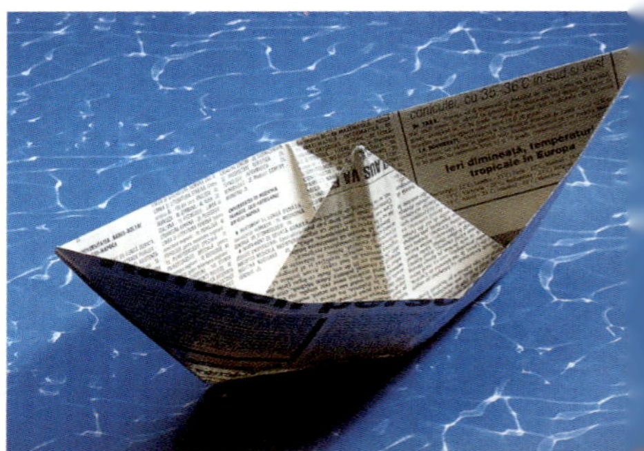

8

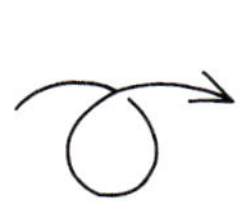

Wenden

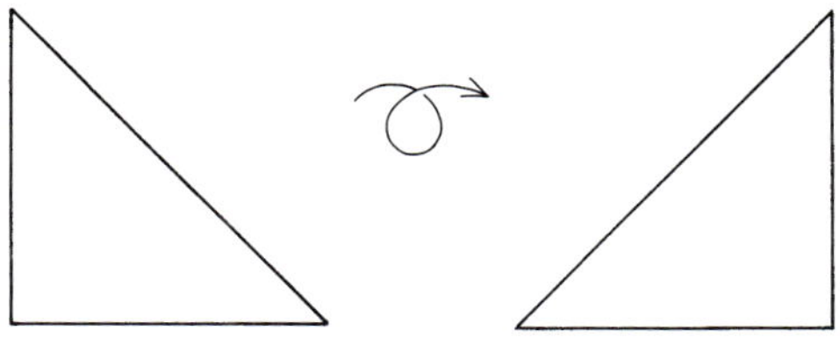

Dieses Symbol findest du nur zwischen zwei Bildern: Bevor du den folgenden Schritt ausführst, musst du die Figur umdrehen.

9

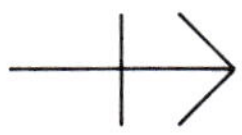

Wiederholen

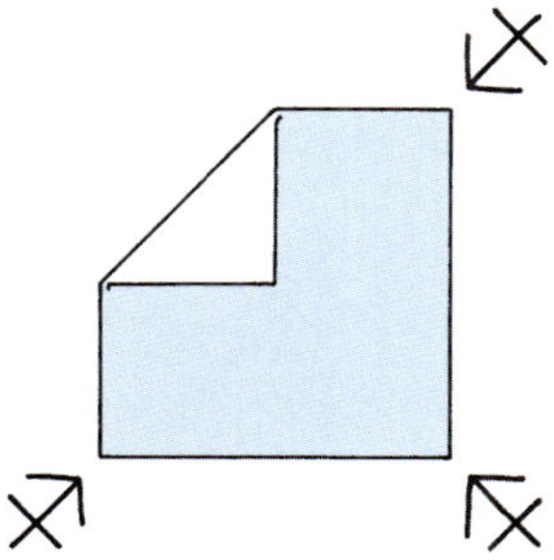

Die Faltung oben links an den anderen Ecken wiederholen

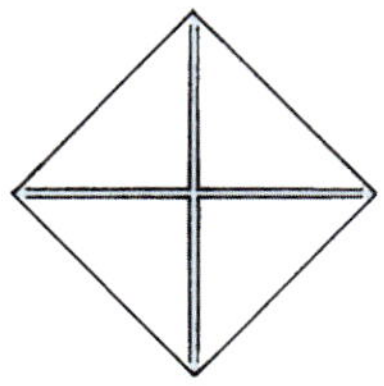

Gefaltete Figur

Oft sollst du das, was du an einer der Seiten, Spitzen oder Ecken gefaltet hast, an den anderen wiederholen. Der Pfeil mit Querstrich zeigt dir die Stellen.

10

Mehrmaliges Talfalten

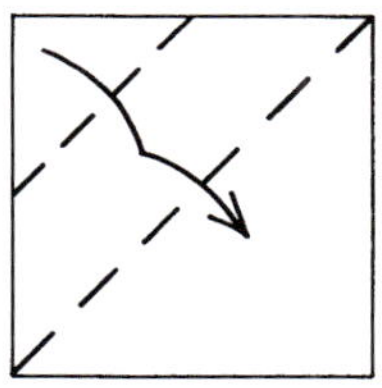

Zweimaliges Talfalten

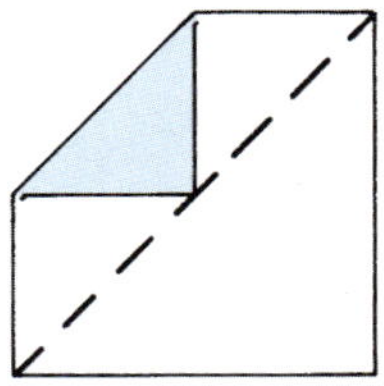

1. Talfalte

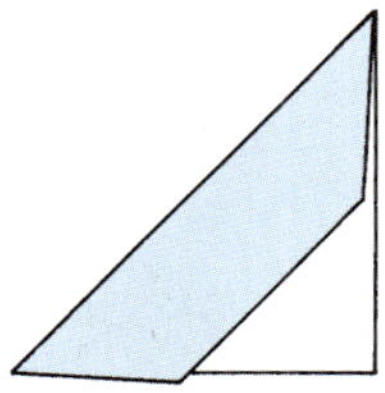

2. Talfalte

Manchmal musst du mehrere Talfalten nacheinander falten, das heißt »mehrmaliges Talfalten«.

11

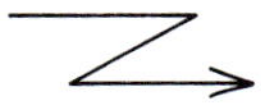

Falte im Zickzack

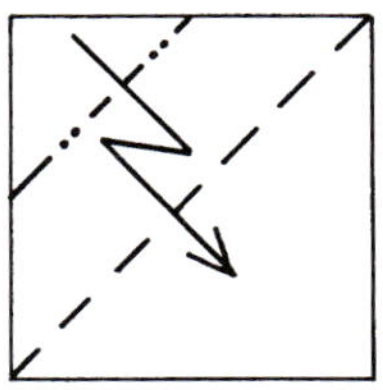

1 Berg- und 1 Talfalte im Wechsel

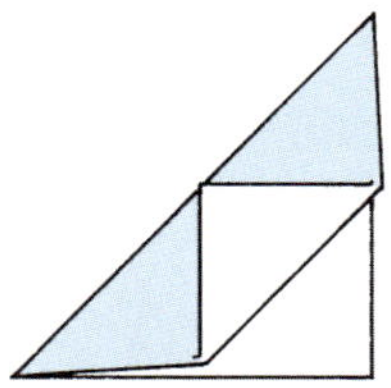

Gefaltete Figur

Wenn du Tal- und Bergfalte miteinander kombinierst, heißt das »Falte im Zickzack«.

12

Schneiden

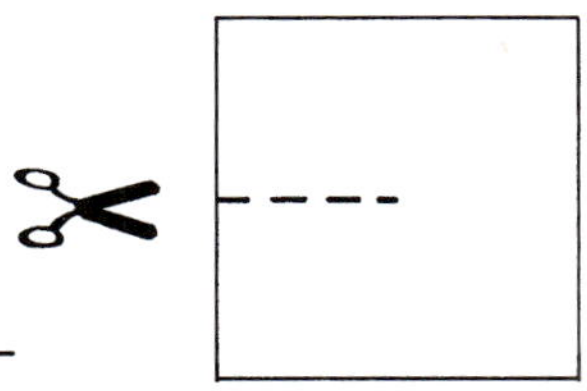

Bis zur Mitte einschneiden

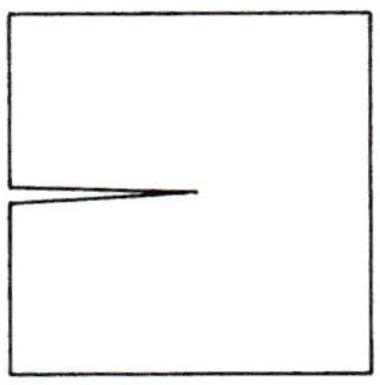

Eingeschnittenes Papier

Entlang der Linie sorgfältig schneiden. Achte darauf, dass du dich nicht verletzt.

13

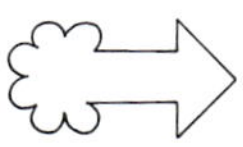

In Form bringen

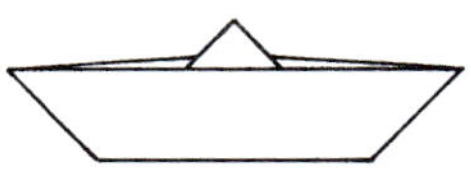

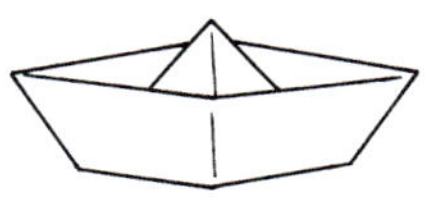

Mit den Fingern oder durch Blasen die flache Figur in die richtige Form bringen.

Grundformen

Grundformen sind Faltungen, die nur zu Beginn einer Figur gemacht werden, aber dafür bei mehreren Figuren auftreten. Es gibt viele Grundformen, aber in diesem Buch sind nur die zwei wichtigsten vertreten. Es kann also sein, dass du bei der einen oder anderen Figur zuerst als Schritt 1 eine der beiden Grundformen falten musst. Natürlich sind diese nicht jedes Mal vollständig gezeichnet; du musst also in diesem Fall hier nachschauen.

Grundform A

Diese Grundform heißt in der Origami-Sprache Preliminar-Grundform.

1

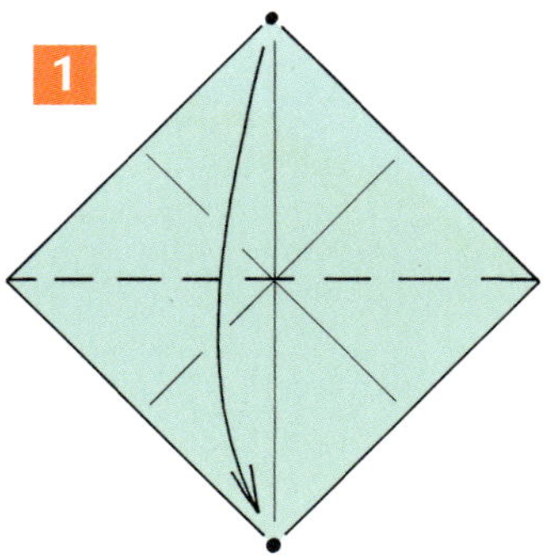

Zuerst das quadratische Papier über beide Kreuzlinien und Diagonalen falten und wieder entfalten. Eine der Diagonallinien falten. Du bekommst ein Dreieck.

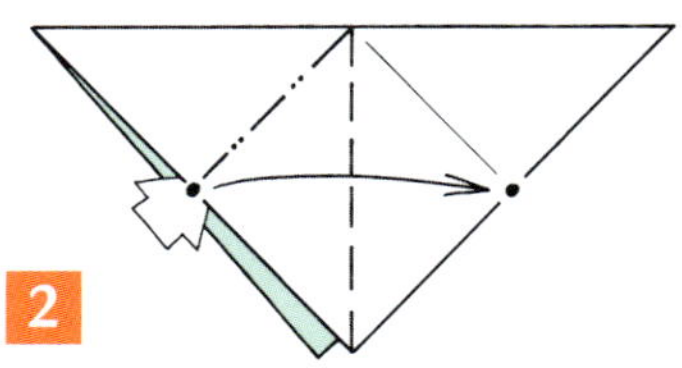

2

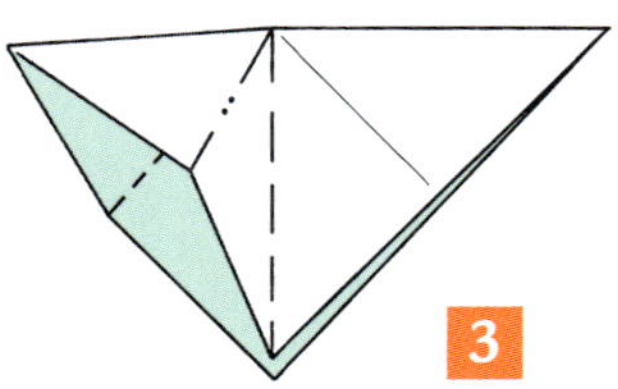

3

4

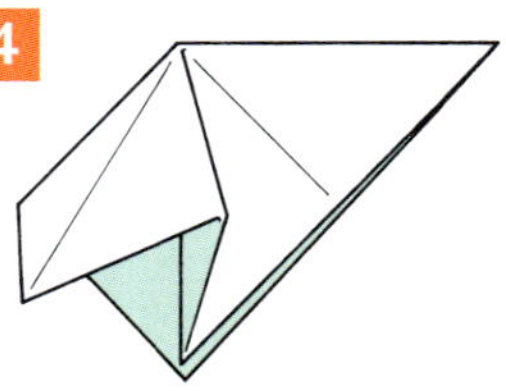

Mit den Fingern beide Papierschichten da, wohin der dicke Pfeil zeigt, trennen und mit dem hineingesteckten Finger die obere Schicht nach rechts schieben, sodass auf der Oberschicht eine Tal- und eine Bergfalte entstehen. Auch die Unterschicht bekommt automatisch eine Talfalte.

5

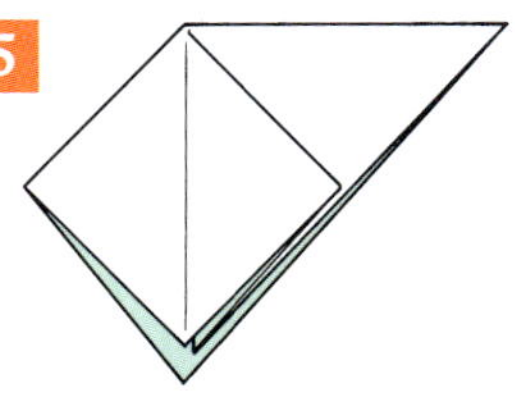

Wenn deine Figur so aussieht, wie auf dieser Zeichnung, wendest du sie.

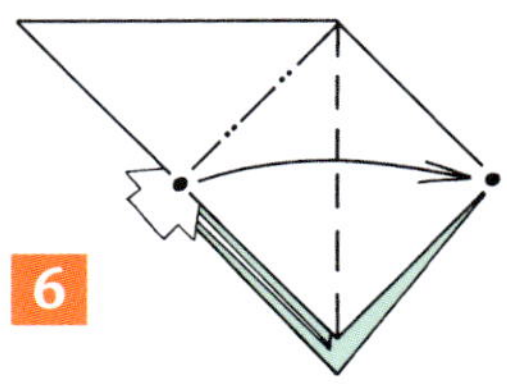

6

7

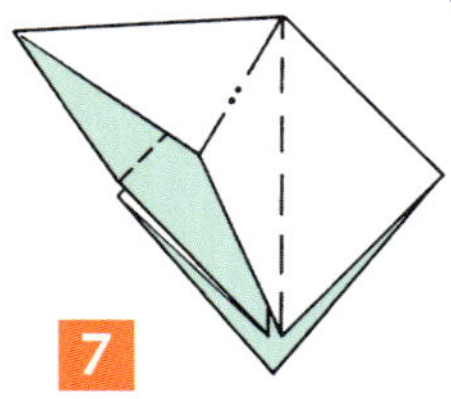

8

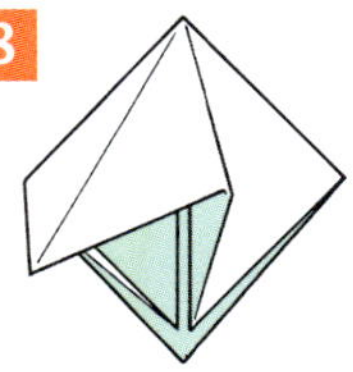

Schritte 6 bis 8: Das, was du in den Schritten 2 bis 4 gemacht hast, musst du jetzt auf der anderen Seite wiederholen.

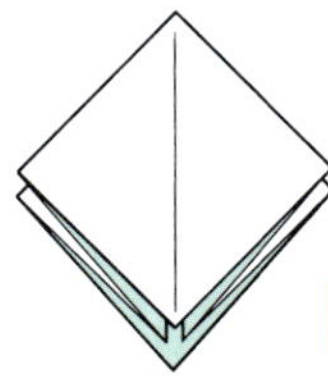

9

Diese Grundform ist nach oben hin geschlossen und nach unten offen.

Grundform B

Diese Grundform
heißt in der Origami-Sprache
Wasserbomben-Grundform.

1

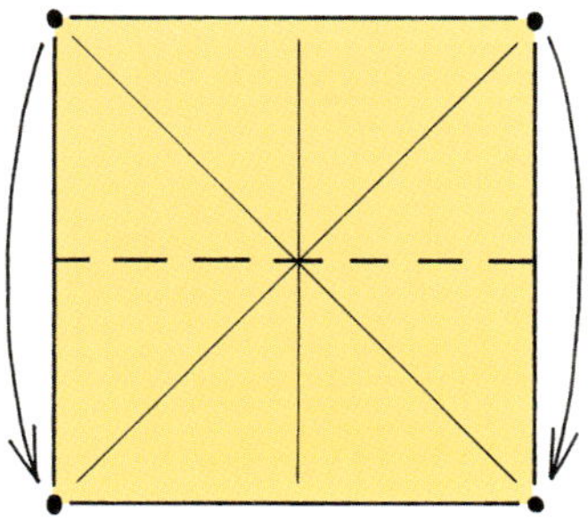

Zuerst das quadratische Papier über beide Kreuzlinien und Diagonalen falten und wieder entfalten. Danach das Papier erneut über eine der Kreuzlinien falten. Du bekommst ein kleineres Doppelquadrat.

2

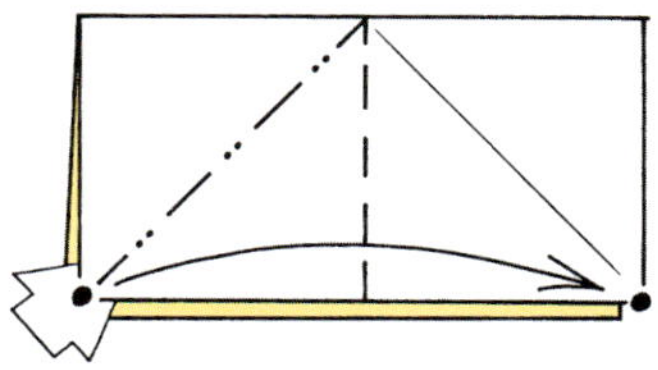

3

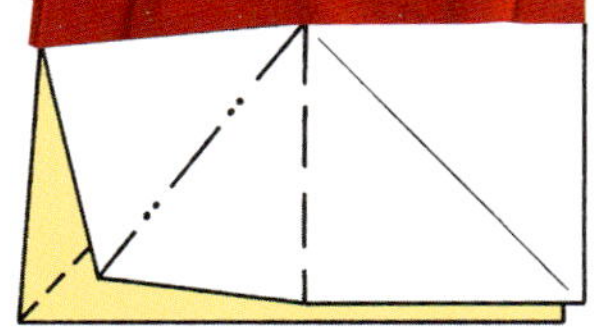

Schritte 2 bis 4: Mit den Fingern beide Papierschichten da, wohin der dicke Pfeil zeigt, trennen und mit dem hineingesteckten Finger die obere Schicht nach rechts schieben, sodass auf der Oberschicht eine Tal- und eine Bergfalte entstehen. Auch die Unterschicht bekommt automatisch eine Talfalte.

4

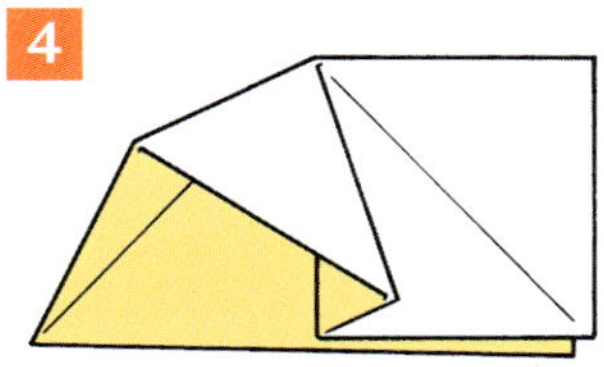

5

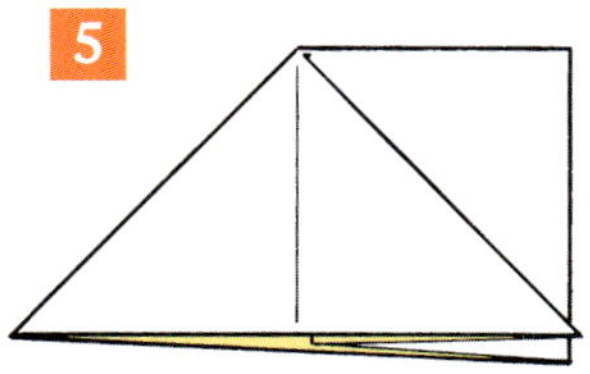

Wenn du diese Figur bekommen hast, drehst du sie um.

6

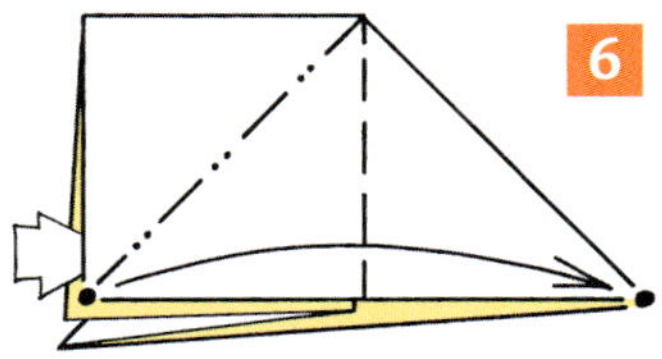

7

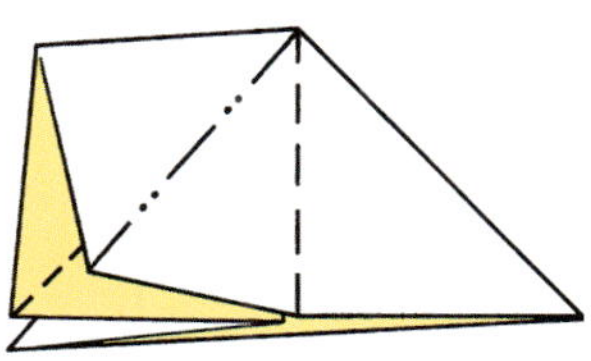

8

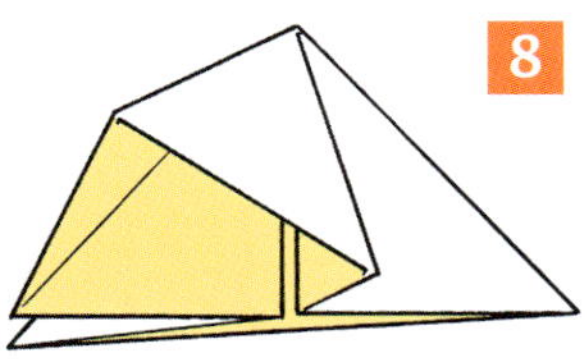

Schritte 6 bis 8: Das, was du in den Schritten 2 bis 4 gemacht hast, musst du jetzt auf der anderen Seite wiederholen.

9

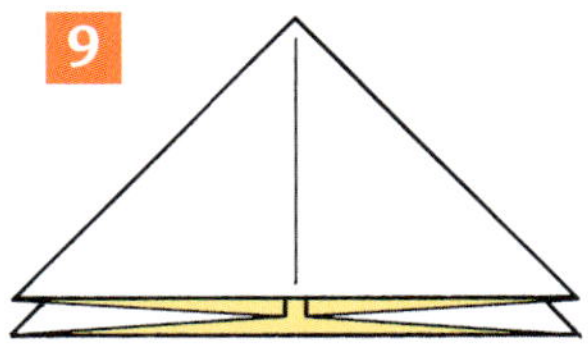

So muss die Grundform B aussehen.

Mit einem schlichten Stück Papier, einer einzigen Falte und etwas Fantasie kannst du bereits ein Hausdach, ein Segel oder ein Flugzeug herstellen. Wenn du ein paar Faltungen mehr machst, erhältst du verschiedene Tiere, Gesichter und sogar einen kleinen Zaubertrick, mit dem du deine Eltern, Geschwister und Freunde überraschen kannst.

Igel

Der Igel gehört zu einer der einfachsten Faltarbeiten in diesem Buch. Eine Faltung im schrägen Winkel, und fertig ist das Stacheltier. Du brauchst es nur noch zu bemalen.

Das brauchst du

- einfarbiges Papier, 10 x 10 cm groß
- Stifte

1

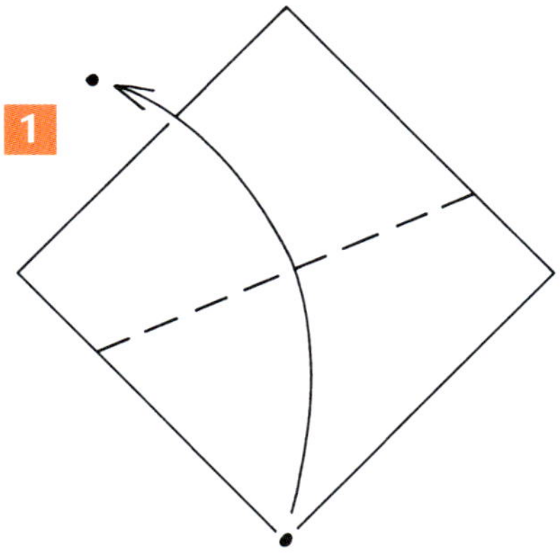

Eine der Ecken über eine schräge, ungefähr durch den Mittelpunkt verlaufende Linie so talfalten, dass sie über die eine der beiden gegenüberliegenden Kanten übersteht und auf diese Weise vier ungefähr gleich große Spitzen entstehen.

2

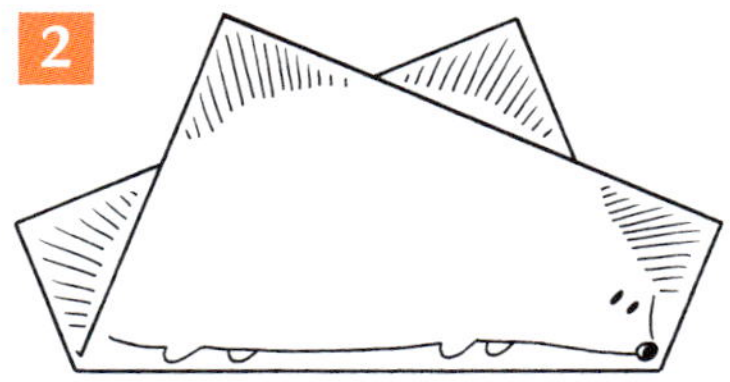

Igelkörper aufmalen.

Wolf

Dieser Wolf entsteht nur aus zwei Falten. Wenn du kräftige Zähne malst, sieht er sogar richtig gefährlich aus.

1

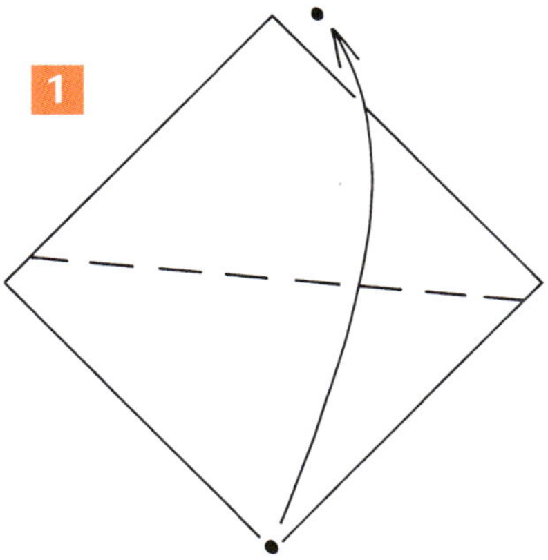

Untere Ecke so talfalten, dass sie etwas rechts neben der gegenüberliegenden Ecke zu liegen kommt und auf diese Weise oben zwei kleine, dicht nebeneinander liegende Spitzen entstehen.

2

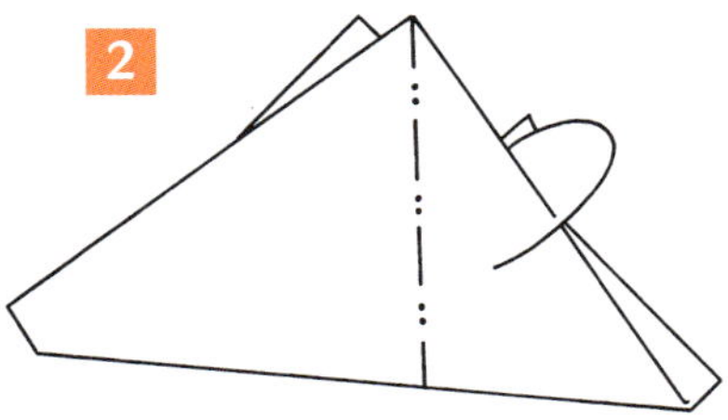

Rechte seitliche Spitze über Bergfalte, die etwas schräg durch die rechte obere kleine Spitze verläuft, so nach hinten bergfalten, dass sie unten etwas herausschaut.

3

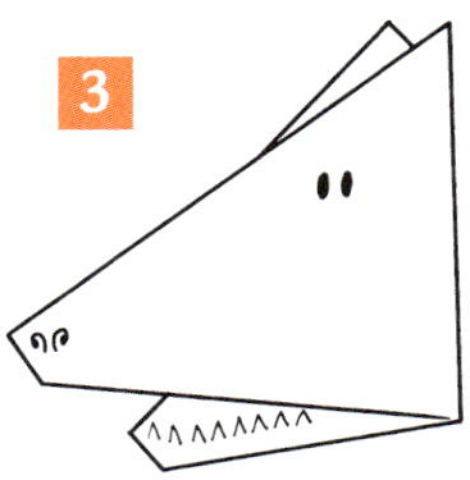

Zähne und Gesicht aufmalen.

Das brauchst du

- **einfarbiges Papier, 10 x 10 cm groß**
- **Stifte**

Kindergesicht

Mit zwei ganz einfachen Faltschritten bekommst du dieses Gesicht. Darauf kannst du das Porträt deiner Geschwister oder deiner Freunde zeichnen.

Das brauchst du

- **einfarbiges Papier, 10 x 10 cm groß**
- **Stifte**

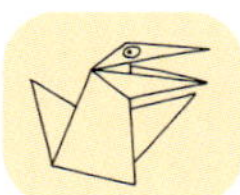

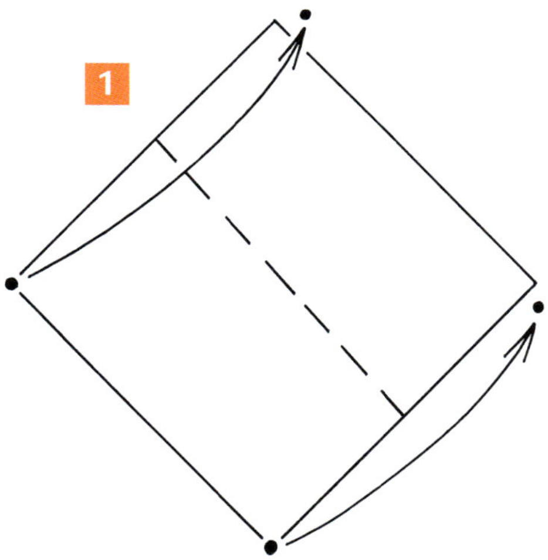

1

Untere Kante nach oben rechts etwas schräg so talfalten, dass ihre Ecken etwas rechts neben den gegenüberliegenden Ecken zu liegen kommen und auf diese Weise zwei Paare kleiner, dicht nebeneinander liegender Spitzen entstehen.

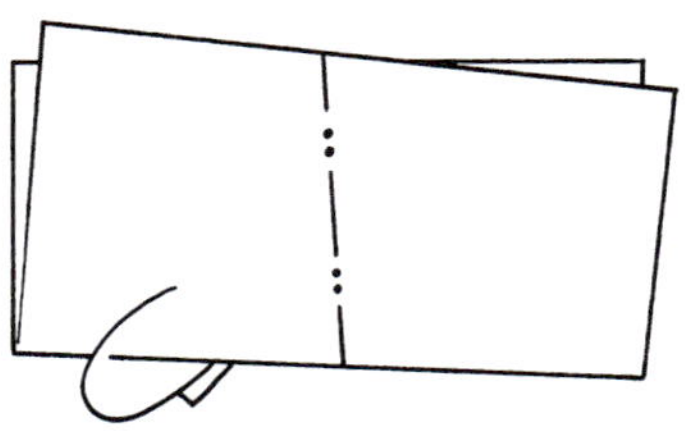

2

Das linke Spitzenpaar nach hinten so bergfalten, dass es links neben dem rechten erscheint und alle vier Spitzen gleichmäßig nebeneinander liegen.

3

Gesicht bemalen.

Hund

Mit wenigen Schritten erhältst du einen Hund, der sein Maul aufreißt. Du brauchst nur beide seitlichen Klappen zur Mitte und nach außen zu ziehen. Das Bellen übernimmst du selbst.

Das brauchst du

- **ein- oder zweifarbiges Papier, 10 x 10 cm groß**
- **Stifte**

1

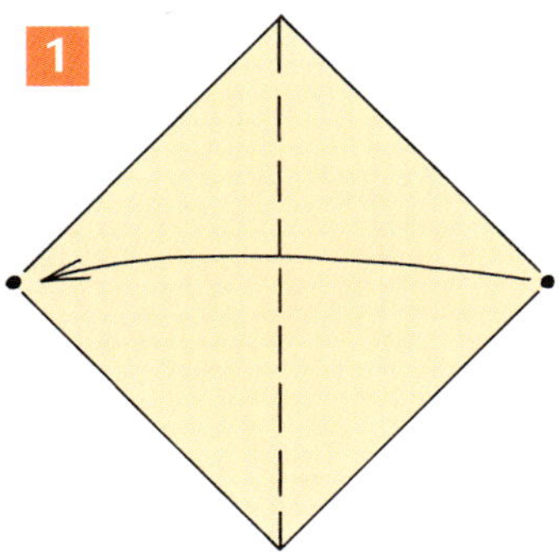

Quadrat über Diagonallinie mit Talfalte nach links halbieren.

2

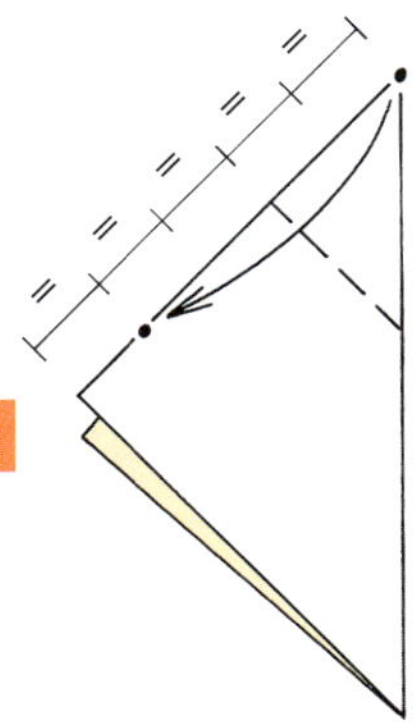

3

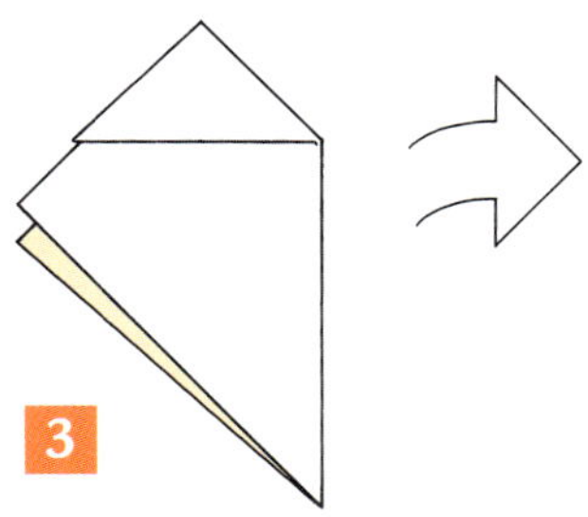

Die obere Spitze schräg nach links unten so talfalten, dass sie ungefähr zwei Fünftel der Länge der linken Kante misst und auf dieser zu liegen kommt. Danach Figur wieder entfalten.

4

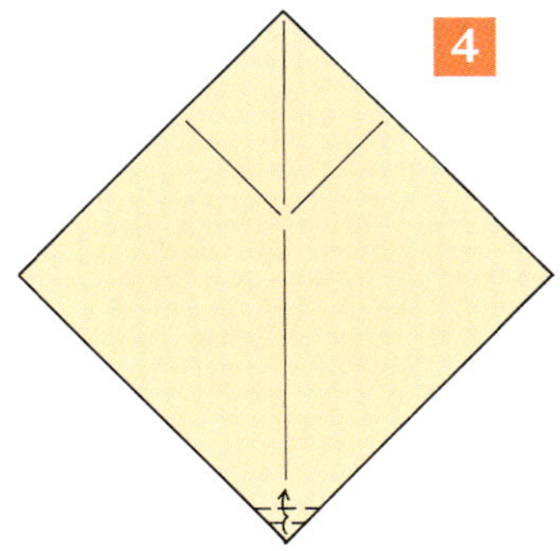

Die gegenüberliegende, untere Ecke zweimal in ganz kleinen Abständen nach oben talfalten.

5

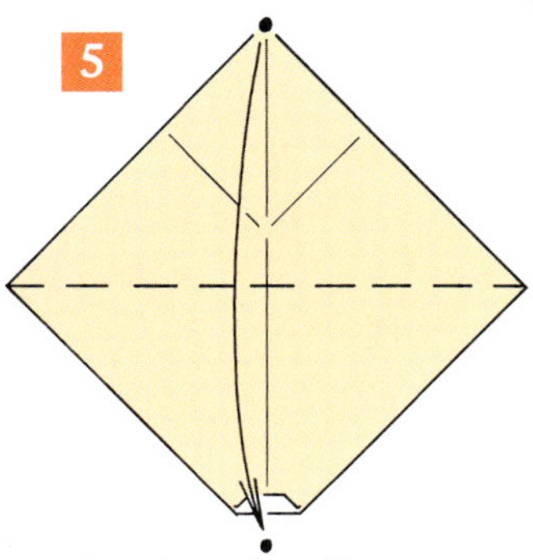

Quadrat über die quer verlaufende Diagonallinie mit Talfalte nach unten halbieren.

6

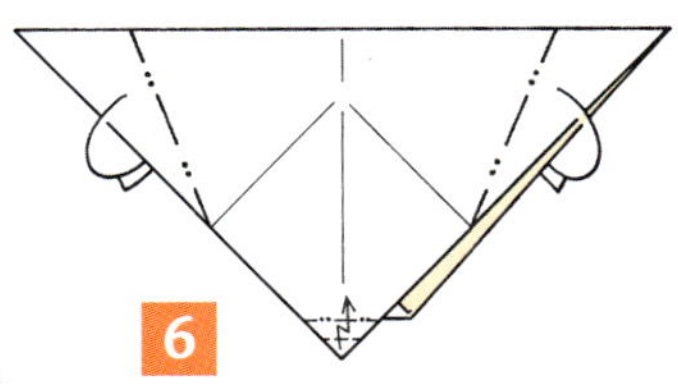

Die überstehende Ecke unten mit den gleichen kleinen Faltabständen wie in Schritt 4 nach oben im Zickzack tal- und bergfalten. Die seitlichen Spitzen nach hinten so bergfalten, dass die seitlichen Kanten senkrecht hinter der Figur herausschauen. Die Bergfalten führen durch den jeweiligen Punkt, der von der vorhandenen schrägen Linie an der Kante getroffen wird.

7

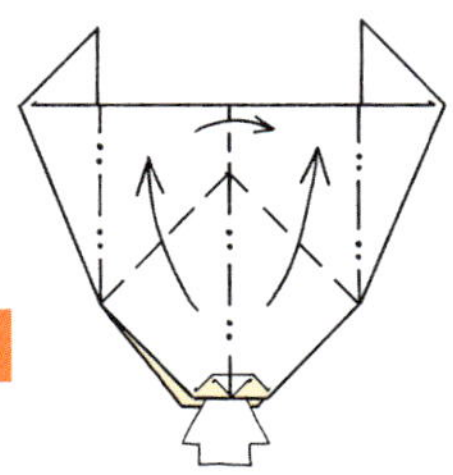

Die seitlichen Ecken über die Linien, die jeweils zwischen der oberen Spitze und der seitlichen Ecke senkrecht verlaufen, nach hinten leicht bergfalten. Schichten unten trennen und obere Schicht nach oben ziehen, sodass aus der senkrecht durch die Mitte verlaufenden Talfalte eine Bergfalte wird.

8

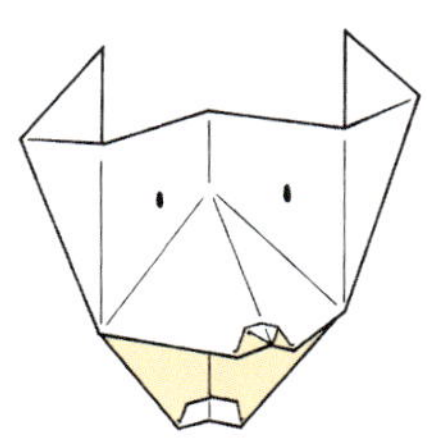

Augen aufmalen und Figur in Form bringen.

Küken

Mit nur sechs Falten entsteht ein hungriges Küken. Wenn du das Küken hinten mit dem Zeigefinger ein paar Mal antippst, bewegt es sich so, als fresse es Krümel, die auf dem Boden liegen.

Das brauchst du

- **einfarbiges Papier, 10 x 10 cm groß**
- **Stift**

1

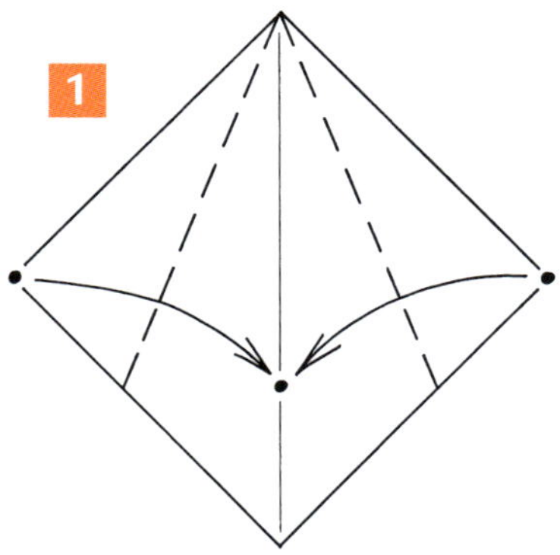

Die oberen Kanten der Raute auf die senkrechte Diagonale legen und talfalten.

2

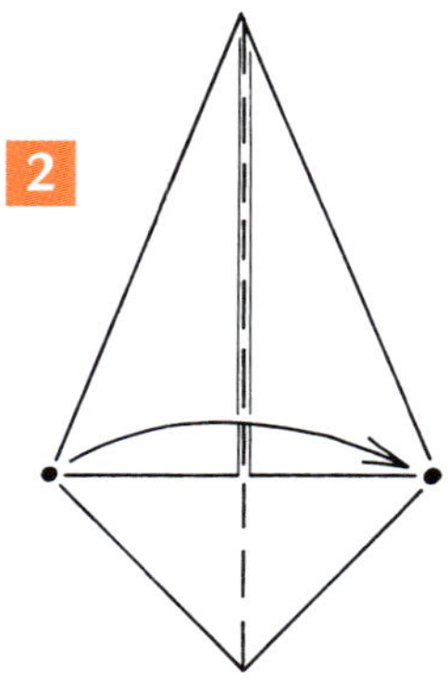

Figur mit Talfalte nach rechts halbieren.

3

Obere Spitze über schräge Tallinie nach rechts unten klappen.

4

Schritte 2 und 3 wieder entfalten.

5

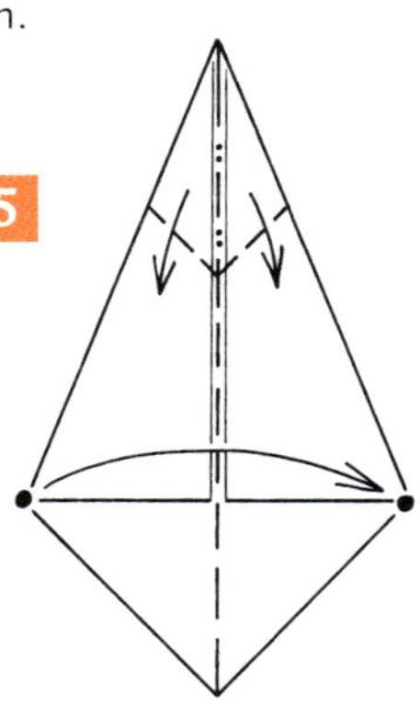

6

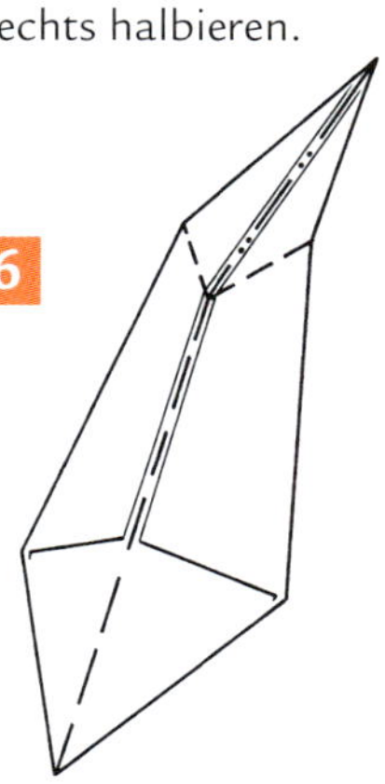

Figur mit Talfalte wieder nach rechts halbieren und gleichzeitig die vorgefaltete obere Spitze nach unten talfalten. Automatisch wird aus der Talfalte der Spitze eine Bergfalte.

7

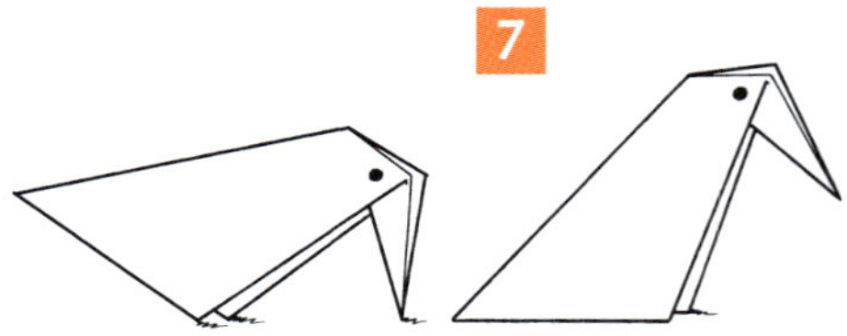

Henne

Mit fünf Faltungen bekommst du eine Henne. Du brauchst nur noch den Schnabel und die Augen aufzumalen.

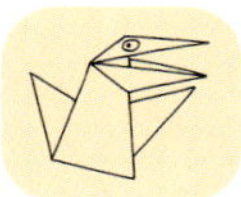

Das brauchst du

- **zweifarbiges Papier, 15 x 15 cm groß**
- **Stift**

1

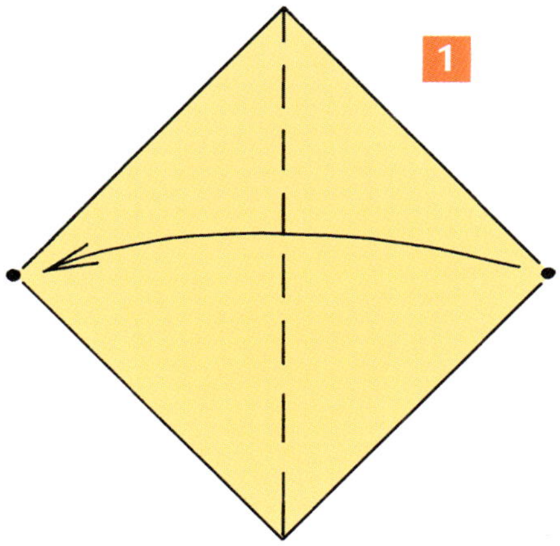

Quadrat über Diagonallinie mit Talfalte nach links halbieren.

2

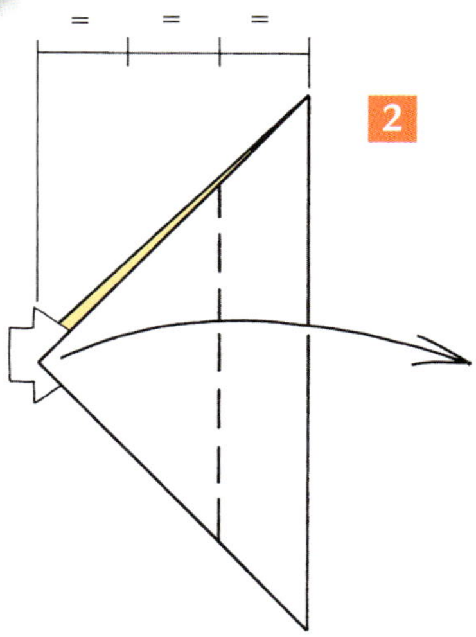

Obere Klappe nach rechts so talfalten, dass sie ungefähr zu einem Drittel übersteht.

3

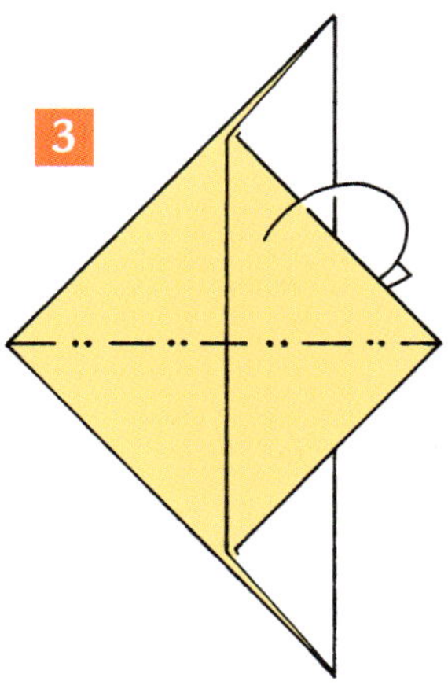

Figur mit Bergfalte nach hinten quer halbieren.

4

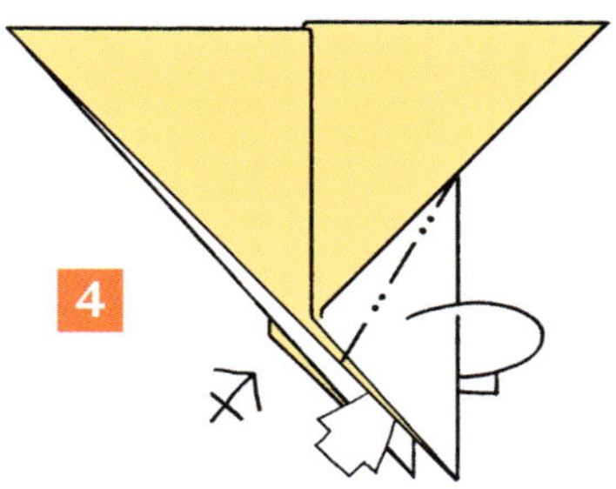

Die Spitze der oberen Klappe nach hinten bergfalten. Figur umdrehen und diesen Faltschritt auf der Rückseite wiederholen.

5

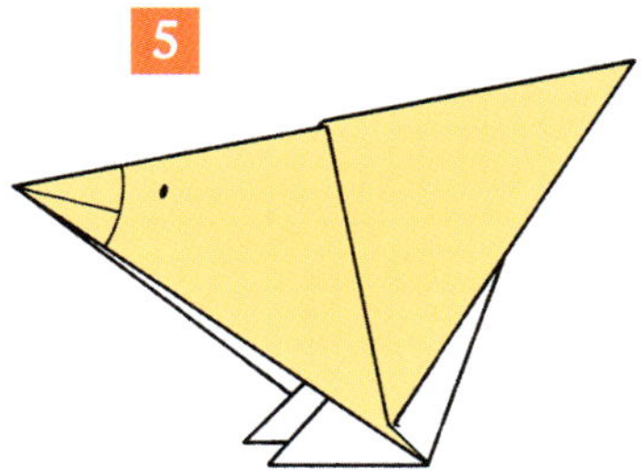

Augen und Schnabel aufmalen.

Straußenkopf

Mit sieben ganz einfachen Faltungen erhältst du diesen Vogelkopf. Mit Daumen und Mittelfinger der rechten Hand die Kanten von hinten festhalten. Mit dem Zeigefinger leicht auf die Papierfläche dazwischen klopfen und die anderen beiden Finger sofort locker lassen, sonst bekommt der Strauß einen Hexenschuss. Bei diesen Bewegungen erhebt sich der Vogelkopf schnell und sinkt danach wieder auf deine linke Hand, in der du eine Schale mit Essen halten kannst.

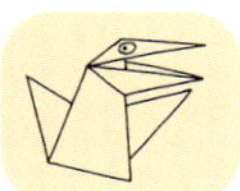

Das brauchst du

- Streifen dünnes, einfarbiges Papier, 25 x 3 cm groß
- Stift

1

2

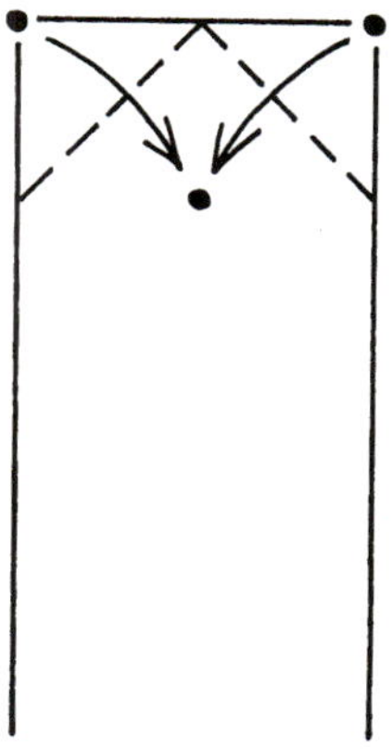

3

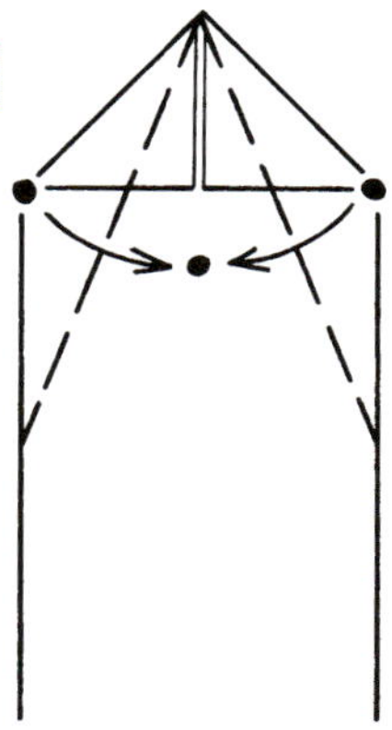

Auch die neu entstandenen seitlichen Ecken so symmetrisch talfalten, dass die Orientierungspunkte nebeneinander zu liegen kommen.

Die oberen Ecken so symmetrisch talfalten, dass die Orientierungspunkte nebeneinander zu liegen kommen.

4

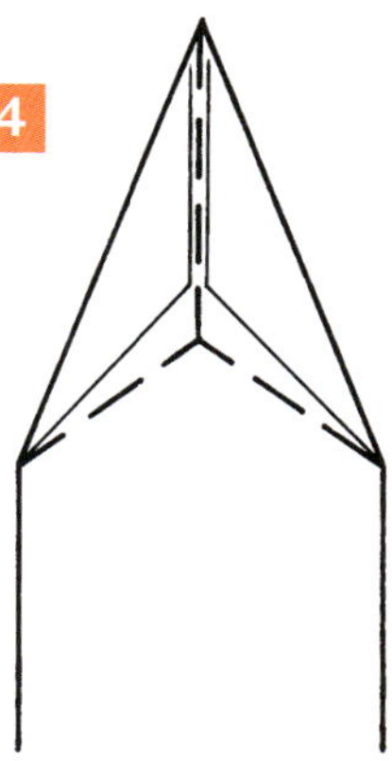

Drei Talfalten machen: Eine verläuft längs zwischen den Klappen nach unten bis zu den anderen beiden, die von den seitlichen Ecken kommen und schräg nach oben verlaufen, sodass sich alle drei in der Mitte, etwas unterhalb der Klappen treffen.

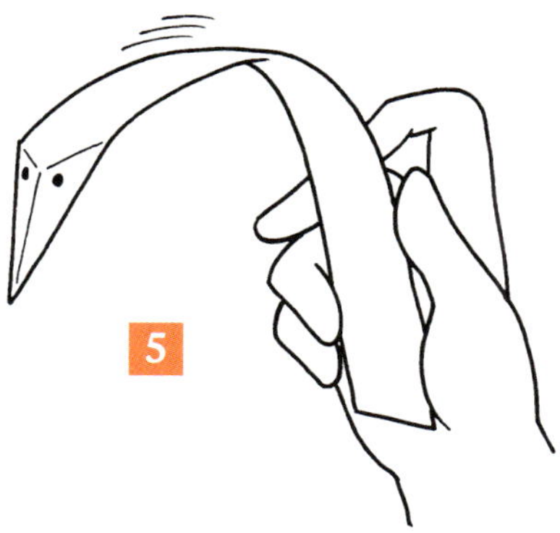

5

Augen aufmalen.

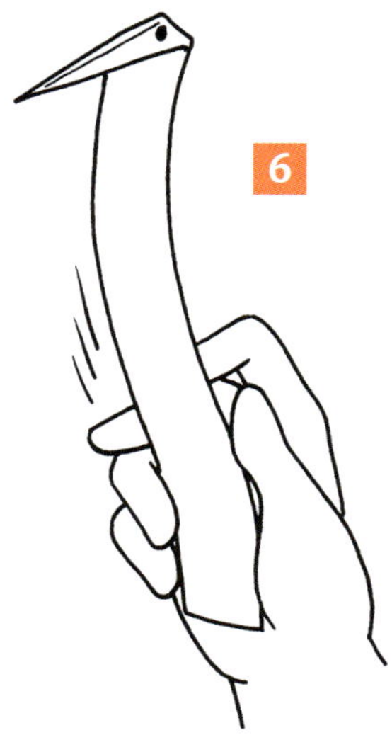

6

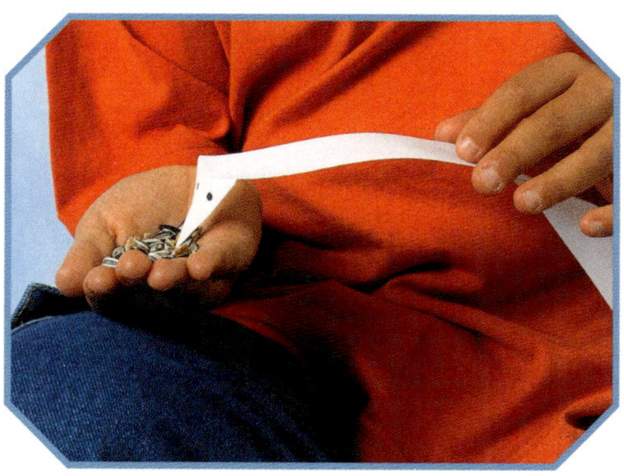

Kleiner Zaubertrick

Schneide und forme zuerst das Papier zurecht, ohne dass das Publikum es sieht, und stelle die entstandene Figur auf den Tisch. Zeige nun deinen Zuschauern deine Bastelarbeit. Auch diese bekommen ein Blatt Papier und eine Schere und müssen jetzt die Figur nachbasteln. Sie dürfen sich deine Figur auf dem Tisch genau und so lange, wie sie wollen, anschauen, aber sie dürfen sie nicht berühren.

Dinge, die sehr einfach aussehen, sind oft die allerschwierigsten, und viele Zuschauer werden die Figur nicht hinbekommen, weil sie zu wenig Geduld haben. Warte eine Weile, bis alle genügend probiert haben, dann darfst du deinem Publikum die Lösung verraten.

Das brauchst du

- **einfarbiges Papier, 10 x 10 cm groß**
- **Schere mit abgerundeter Spitze**
- **ein schlaues Publikum**

1

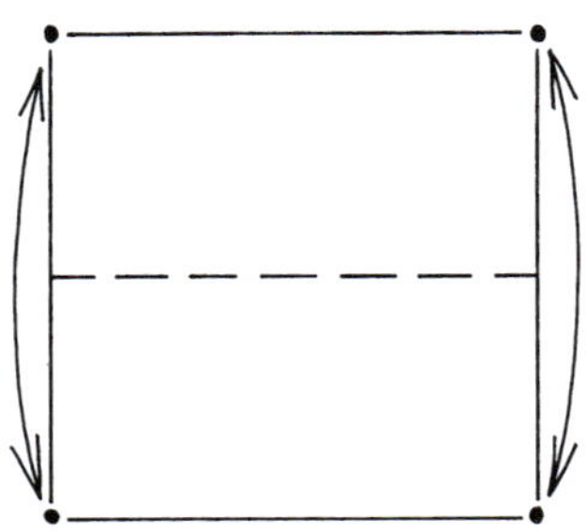

Fläche über Tallinie quer halbieren und wieder entfalten.

2

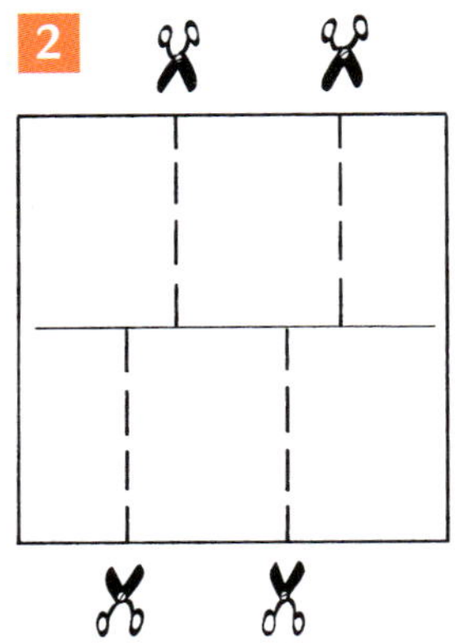

Von der oberen und der unteren Kante aus je zwei Einschnitte machen, die jeweils versetzt sind und bis zur vorhandenen Linie führen.

3

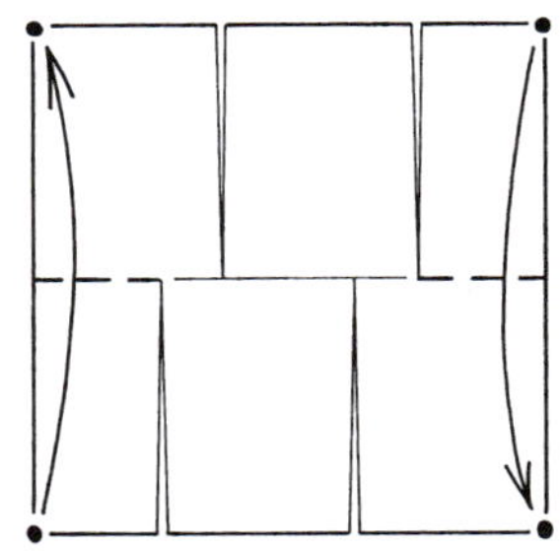

Die obere rechte und die untere linke Klappe über die vorhandene Linie auf die jeweils gegenüberliegende Seite talfalten.

4

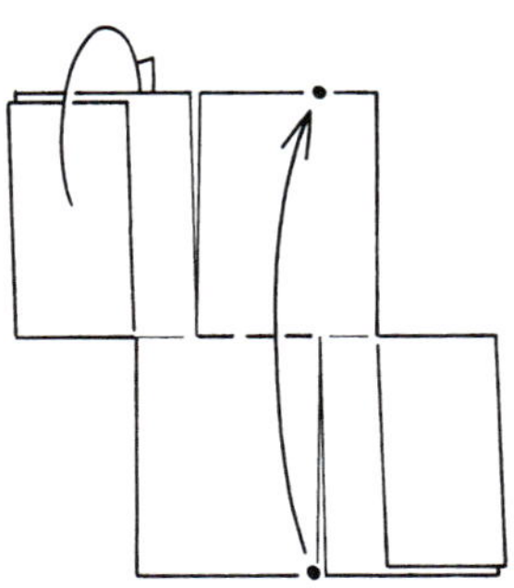

Die untere mittlere Klappe über die vorhandene Linie so nach oben talfalten, dass nur die obere mittlere Klappe zugeklappt wird, nicht jedoch die obere linke Doppelklappe, welche stattdessen automatisch nach hinten unten gedreht wird.

5

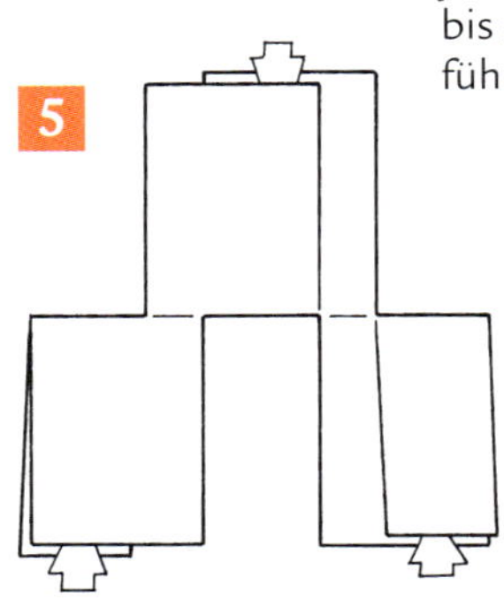

Alle drei Doppelklappen leicht spreizen und Figur aufstellen.

6

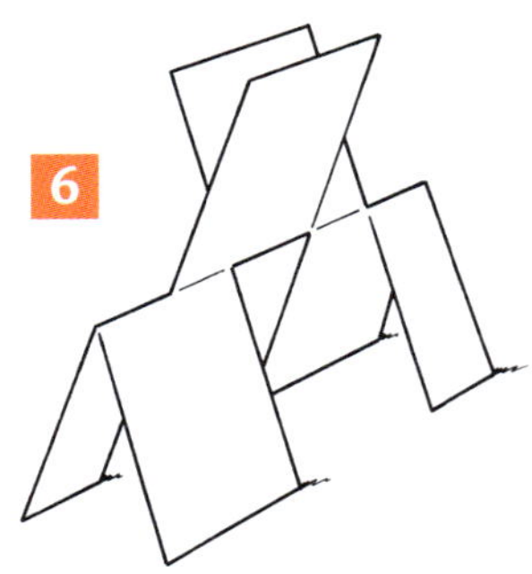

Hier ist Werfen, Pusten und schnelles Laufen angesagt. Auch wenn du beim Versuch, deinen Papierflieger oder deine Windmühle in Bewegung zu setzen, manchmal etwas außer Atem gerätst – deine Faltarbeit wird dich für jede Mühe belohnen.

»Haftpapier«

So toll kann man mit Papier spielen, sogar ohne es vorher gefaltet zu haben. Du brauchst nur auf das Blatt zu blasen, und schon haftet es durch den Luftdruck an der Wand. Es geht darum, wer es am längsten aushält, sein Papier an der Wand »kleben« zu lassen. Bei diesem Spiel ist es weniger sinnvoll, mit voller Kraft kurz gegen das Papier zu pusten, sondern die Luft sollte gleichmäßig und sparsam ausgestoßen werden. Um der Versuchung zu widerstehen, die Hände zu benutzen, empfiehlt es sich, diese nach hinten zu halten. Vor Spielbeginn kannst du das Blatt auch bemalen.

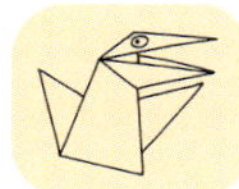

Das brauchst du

- **einfarbiges, dünnes Papier (z. B. Seidenpapier), 10 x 10 cm groß**
- **viel Lungenluft**

Tipp **Für dieses Spiel eignen sich verschiedene Formen:**

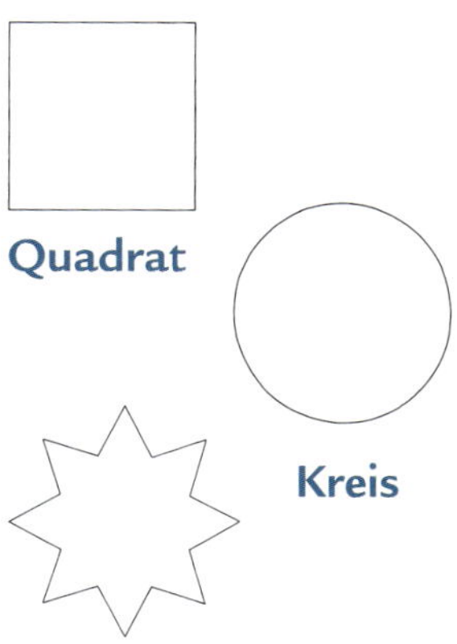

Quadrat

Kreis

Stern

Kirigami-Windmühle

Diese Windmühle ist ein uraltes Papierspielzeug. Wenn du mit Basteln fertig bist, kommt der Test: Mühlrad anblasen; bei Wind wird sich das Rad von selbst weiterdrehen. Wenn es keinen Wind gibt, mit dem Spielzeug in der Hand rennen. Wenn es immer noch nicht funktioniert, hast du den Reißnagel zu tief in die Stange gedrückt.

Das brauchst du

- zweifarbiges Papier (mindestens 80 g/qm), 20 x 20 cm groß
- Schere mit abgerundeter Spitze
- Reißnagel
- Stab aus gerolltem Papier oder aus Holz
- Wind

1

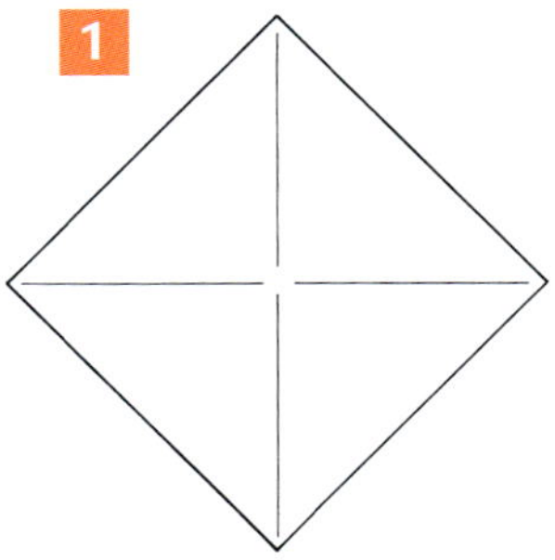

Beide Diagonalen falten und wieder entfalten.

2

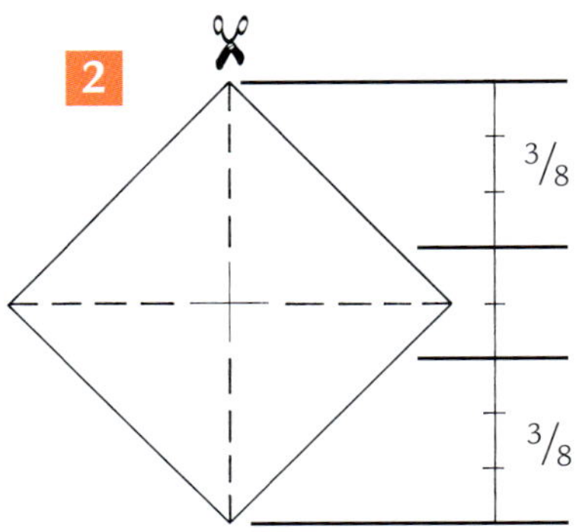

Die vier Quadratecken entlang den Diagonalen jeweils ungefähr bis zu drei Achteln der Diagonallänge einschneiden.

3

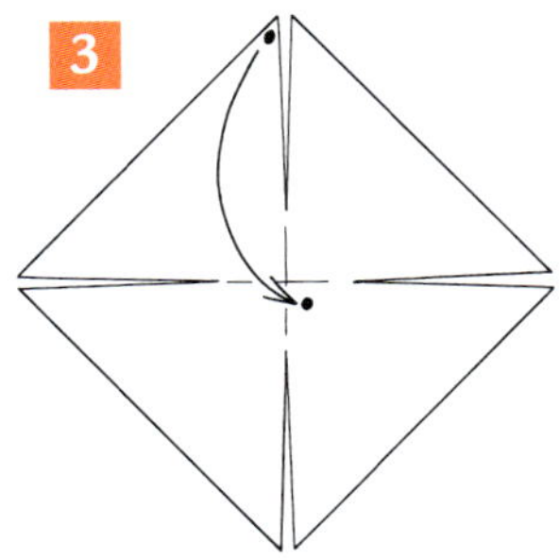

Eine der eingeschnittenen Spitzen zur Mitte biegen (nicht falten!), auf den markierten Punkt legen und mit einem Finger festhalten.

4

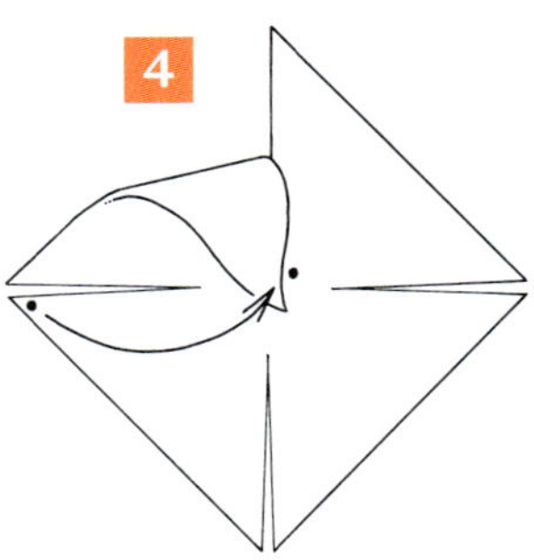

5

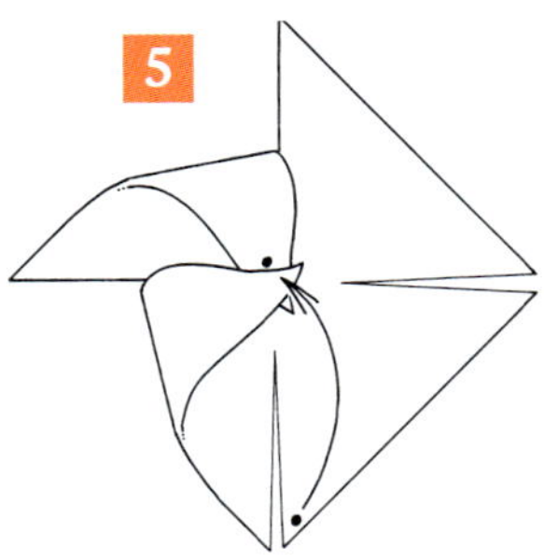

6

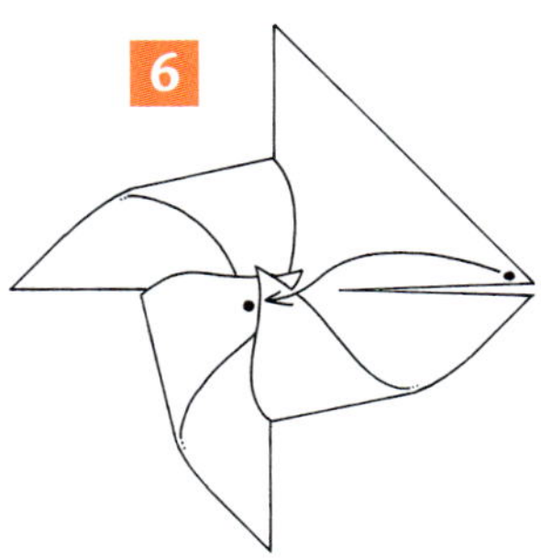

Das Gleiche mit den anderen drei Spitzen tun.

7

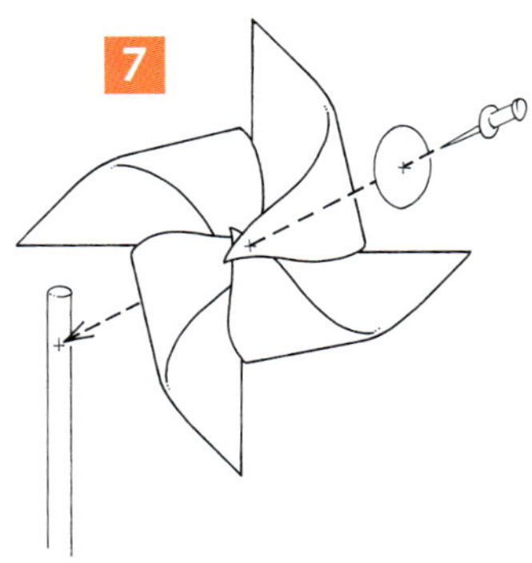

Mit einem Reißnagel alle vier übereinander liegenden Spitzen durchstechen und auf einen Stab aus gerolltem Papier oder Holz nageln, aber nicht zu tief. Zwischen Reißnagel und Papierwindmühle kannst du einen dekorativen Kreis aus Papier legen, um die Spitzen in der Mitte zu verstecken.

Origami-Windmühle

Nach der Herstellung der Windmühle kommt der Test: Mühlrad anblasen. Gibt es keinen Wind, mit dem Spielzeug in der Hand rennen, bis sich das Rad dreht.

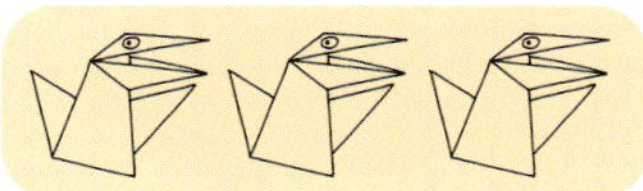

Das brauchst du

- **einfarbiges Papier, 20 x 20 cm groß**
- **Reißnagel**
- **Stab aus gerolltem Papier oder aus Holz**
- **Wind**

1

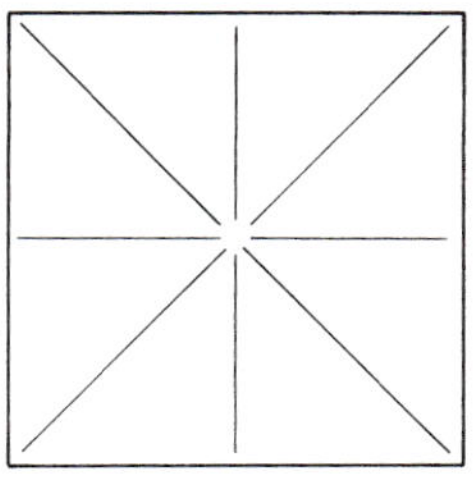

Das quadratische Papier über beide Kreuzlinien sowie Diagonalen falten und wieder entfalten.

2

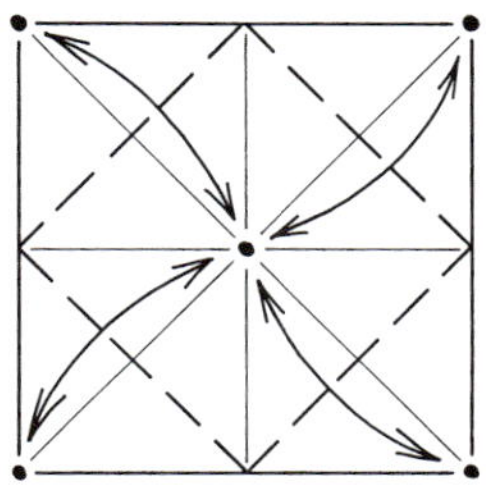

Die vier Eckpunkte auf den Mittelpunkt des Quadrates legen, falten und wieder entfalten.

3

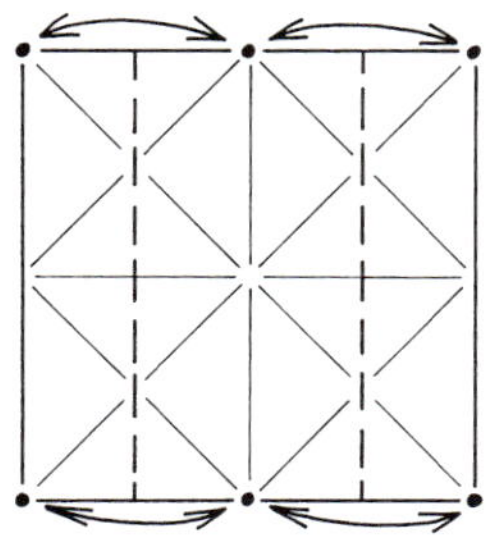

Je zwei nebeneinander liegende Eckpunkte auf den Mittelpunkt der gemeinsamen Kante legen, falten und wieder entfalten.

4

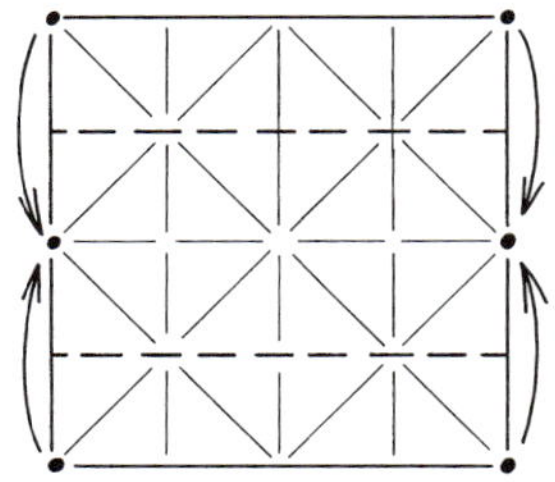

Genauso mit den anderen beiden Eckpunktpaaren verfahren, allerdings ohne wieder zu entfalten.

5

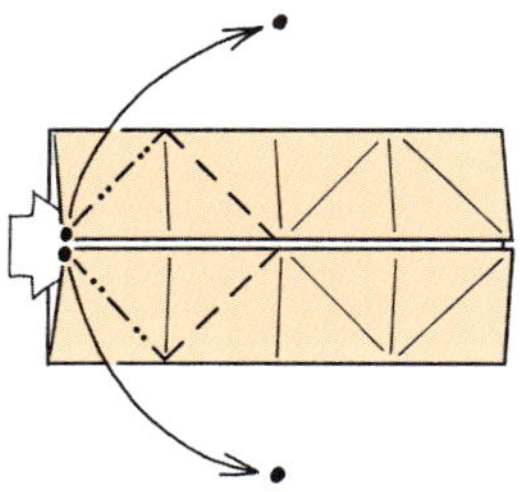

Mit den Fingern beide Papierschichten da, wohin der dicke Pfeil zeigt, trennen und mit dem hineingesteckten Finger die obere Schicht nach rechts schieben, indem du eine Tal- und eine Bergfalte machst, bis die Orientierungspunkte nach außen kommen.

6

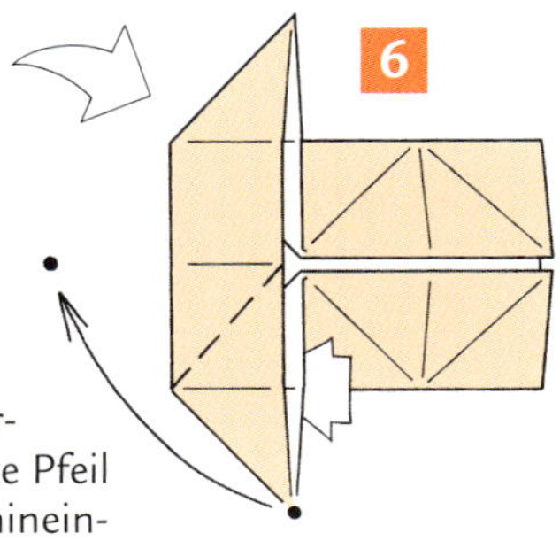

Die neu entstandene untere Spitze nach oben talfalten.

7

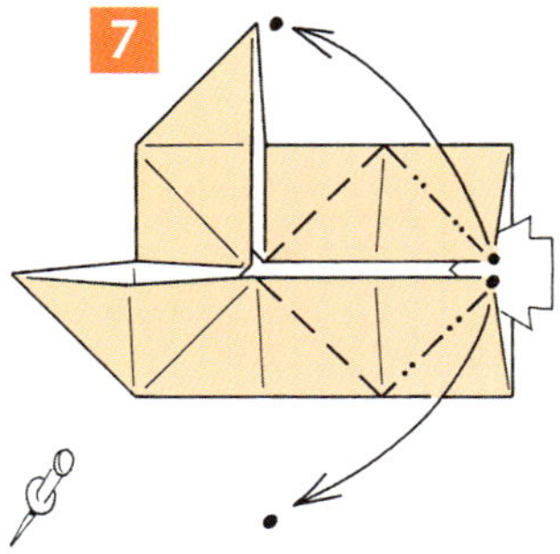

Schritt 5 auf der rechten Seite wiederholen.

8

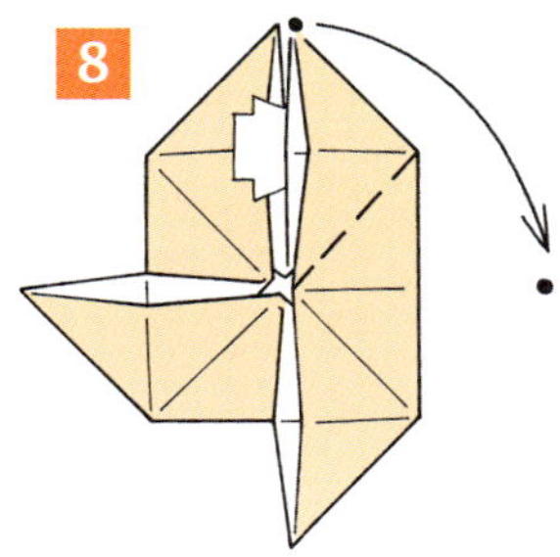

Die neu entstandene obere Spitze nach unten talfalten.

Tipps

Der Reißnagel darf nicht zu tief in den Stab gedrückt werden. Der Wind muss von vorne kommen.

9

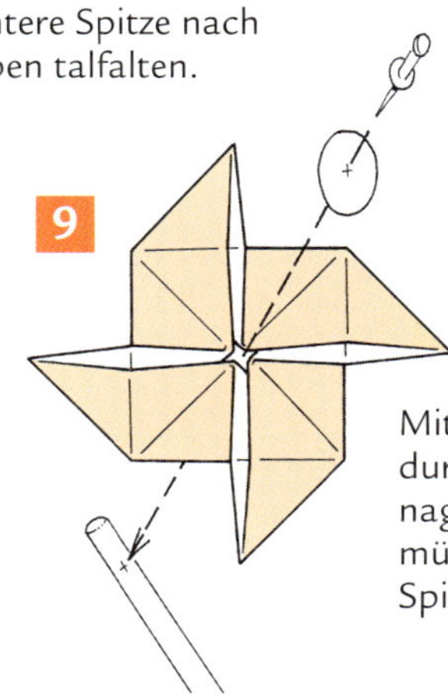

Mit einem Reißnagel alle vier übereinander liegenden Spitzen durchstechen und auf einen Stab aus gerolltem Papier oder Holz nageln, aber nicht zu tief. Zwischen Reißnagel und Papierwindmühle kannst einen dekorativen Kreis aus Papier legen, um die Spitzen in der Mitte zu verstecken.

Luftmühle

Dieses Spielzeug musst du mit beiden Händen waagerecht halten. Die Papierflügel, die du vorher in Form gebracht hast, anblasen. Dadurch bekommt die Mühle Kraft, und das Rad dreht sich. Wenn es anfängt, sich zu bewegen, mit noch mehr Lungenluft es sich weiterdrehen lassen, ohne anzuhalten.

Das brauchst du

- ein- oder zweifarbiges Papier, 30 x 30 cm groß
- Lungenluft

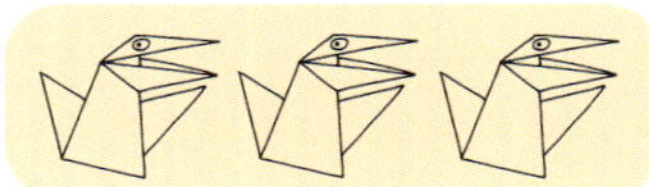

1

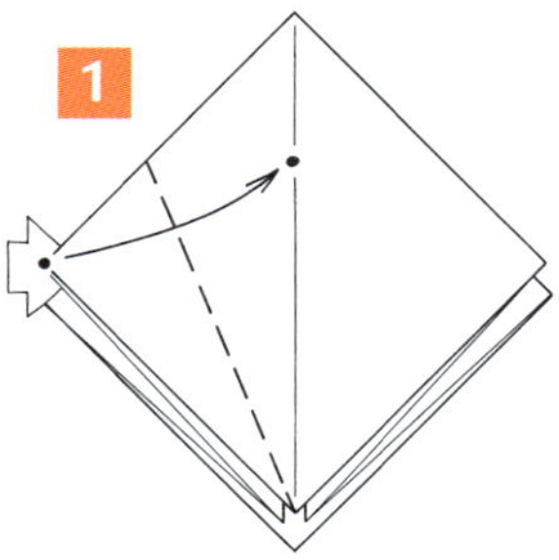

2

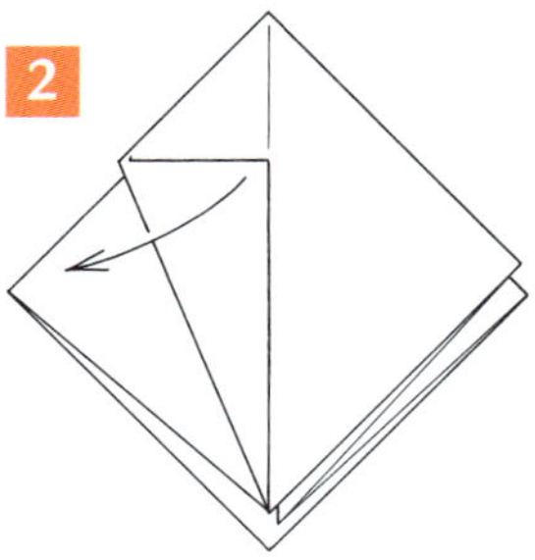

Zuerst Grundform A anfertigen (siehe Seite 12). Danach Schichten links trennen und obere Klappe so talfalten, dass die untere Kante auf der Diagonale zu liegen kommt. Jetzt wieder entfalten.

3

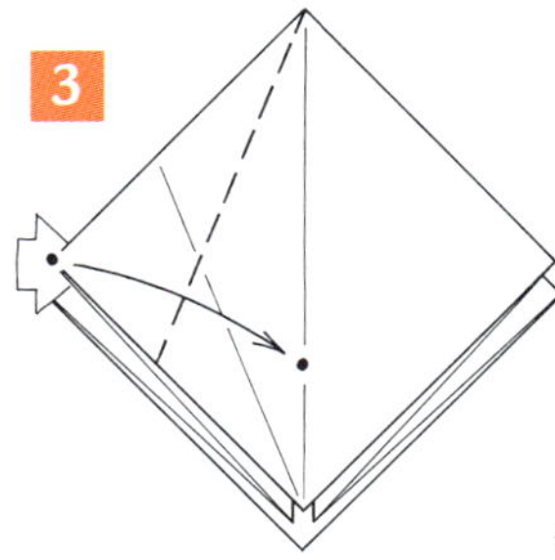

4

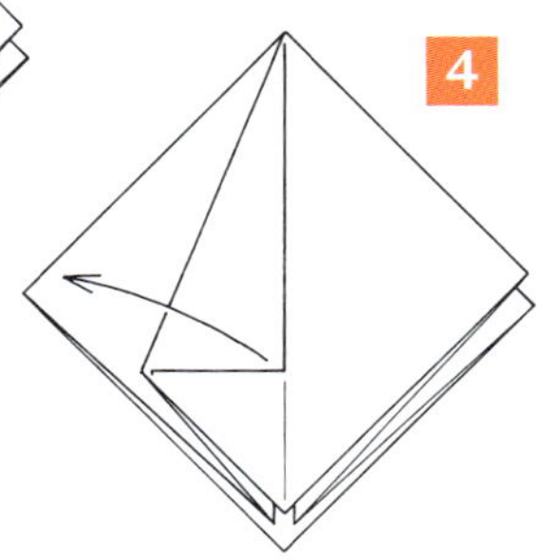

Genauso mit der linken oberen Kante verfahren.

5

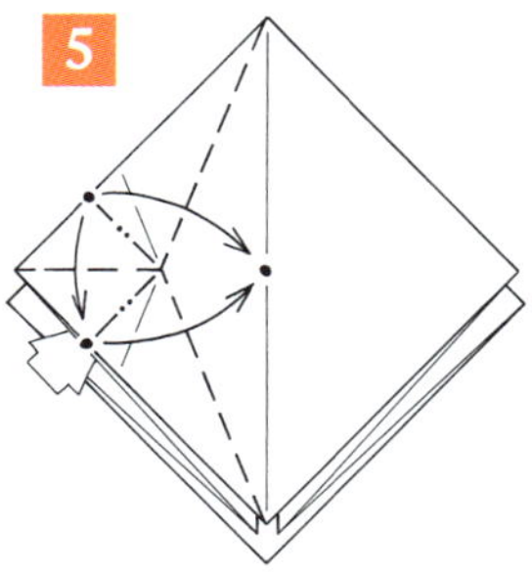

Wenn du nun die beiden Kanten gleichzeitig faltest, entstehen automatisch in der Mitte zwei Bergfalten und eine Talfalte, die eine kleine Spitze nach oben bilden. Diese neu entstandene Spitze nach unten klappen.

6

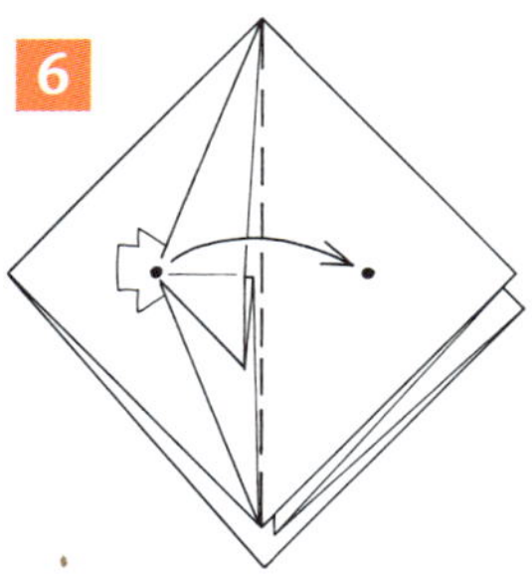

Jetzt klappst du das Ganze nach rechts.

7

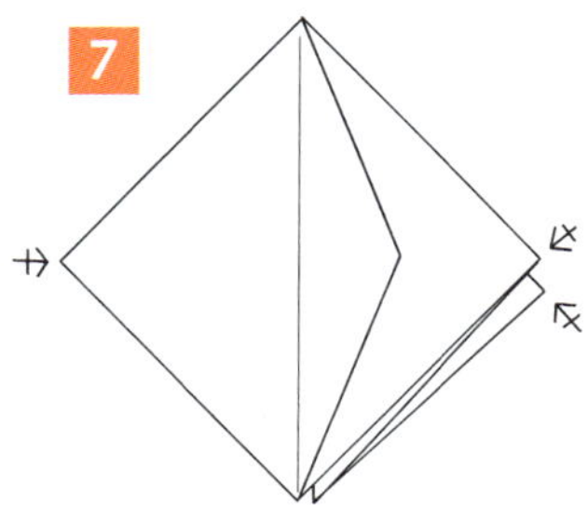

Schritte 1 bis 5 auf den anderen drei Seiten wiederholen.

8

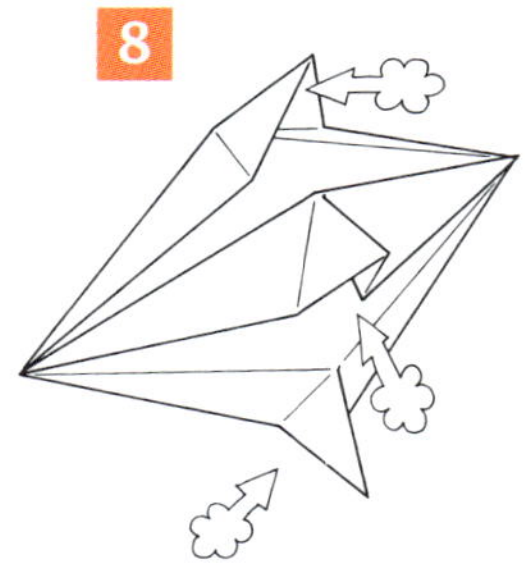

Die vier Flügel etwas öffnen, damit Luft dazwischengeblasen werden kann und sich die Mühle gut dreht.

Fliegender Kegel

Das Gesetz der Schwerkraft gebietet, dass alles, was nach oben steigt, früher oder später wieder herunterkommen muss. Alles fällt nach unten, aber nichts fällt so schön wie dieser fliegende Kegel. Von einem hohen Punkt aus ohne Schwung fallen lassen.

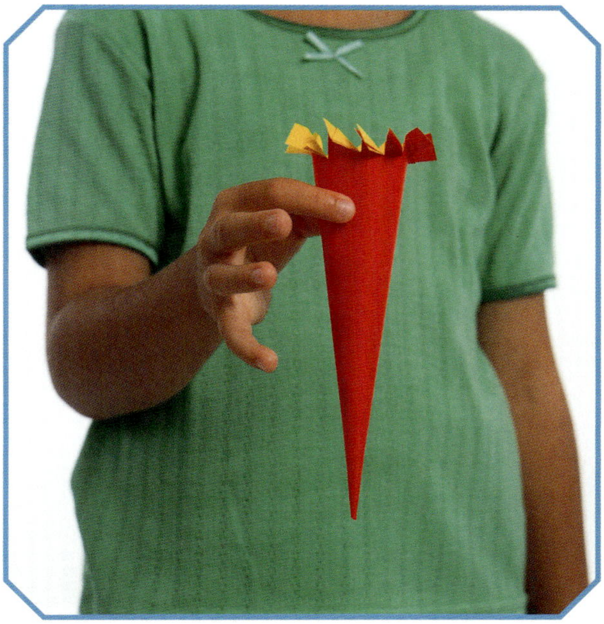

Das brauchst du

- ein- oder zweifarbiges, dünnes DIN-A4-Blatt (aber kein Seidenpapier)
- Schere mit abgerundeter Spitze
- Kleber

1

2

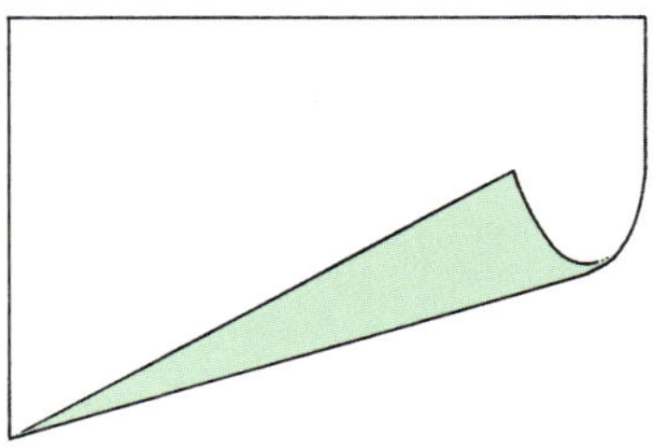

Das Papier langsam einrollen, bis es eine Kegelform hat. Die Öffnung soll schön weit sein.

3

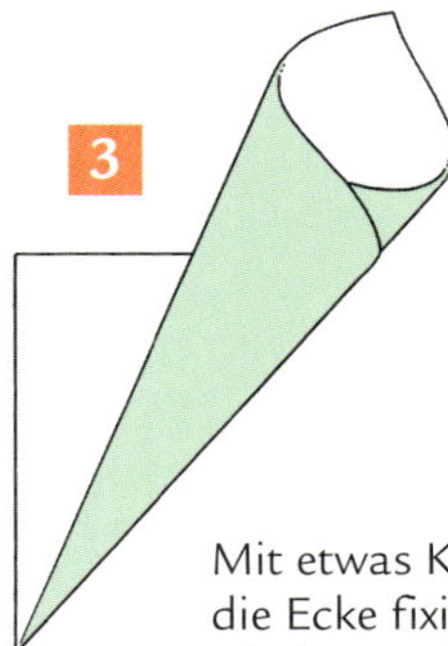

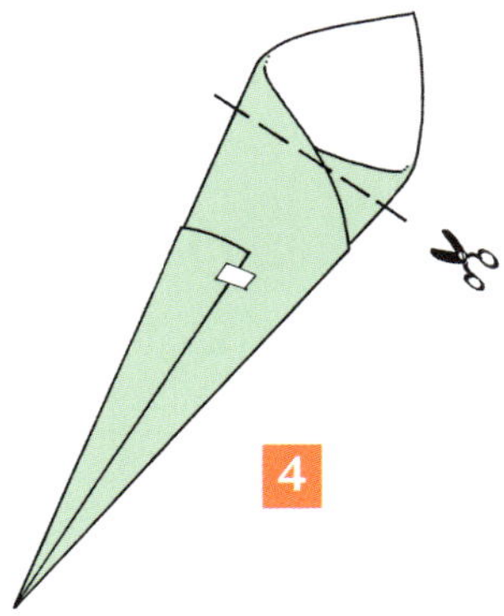

4

Mit etwas Klebstoff oder Klebestreifen die Ecke fixieren, damit der Kegel nicht wieder auseinander rollt. Danach die Spitze oben an der großen Öffnung abschneiden, sodass ein gerader Rand entsteht.

5

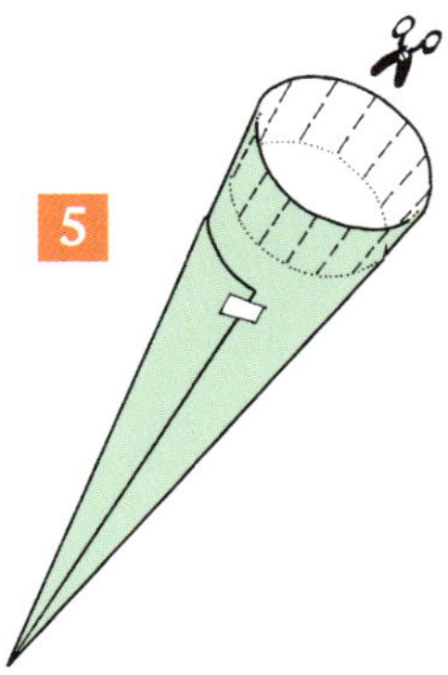

Den neuen oberen Rand in zwölf gleichmäßige Abschnitte gleich tief einschneiden: Zuerst den Rand mit vier Schnitten im gleichen Abstand vierteln, so als ob du auf einer Uhr die Stunde vierteln und auf der Drei, der Sechs, der Neun und der Zwölf Einschnitte machen würdest, danach wiederum diese vier Abschnitte mit je zwei Einschnitten zu gleichen Teilen dritteln.

6

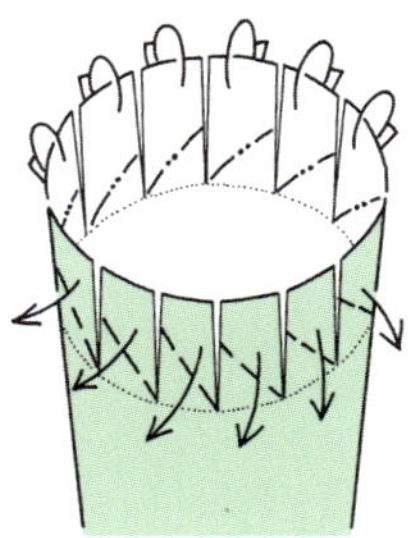

Die zwölf Klappen mit einem Faltwinkel von 45 Grad nach außen falten. Wichtig ist, dass alle Klappen in die gleiche Richtung zeigen. Danach Klappen senkrecht aufstellen.

7

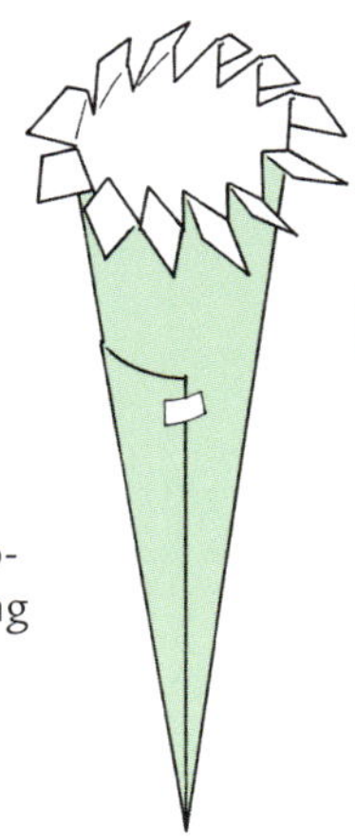

Hubschrauber 1 und 2

Es verzaubert einen immer wieder, wenn ein Papierflugzeug nach oben fliegt. Bei diesen Figuren fasziniert die Abwärtsbewegung. Wirf sie mit Schwung nach oben oder lasse sie von einem hohen Punkt aus nach unten fallen. Achte darauf, dass die beiden leicht aufgeklappten Flügel in Gegenrichtung gefaltet sind.

Das brauchst du

Für Hubschrauber 1

- **ein- oder zweifarbiges Papier, 20 x 20 cm groß**
- **Kleber**

Für Hubschrauber 2

- **ein- oder zweifarbiges Papier, 5 x 15 cm groß**
- **Schere mit abgerundeter Spitze**

Hubschrauber 1

1

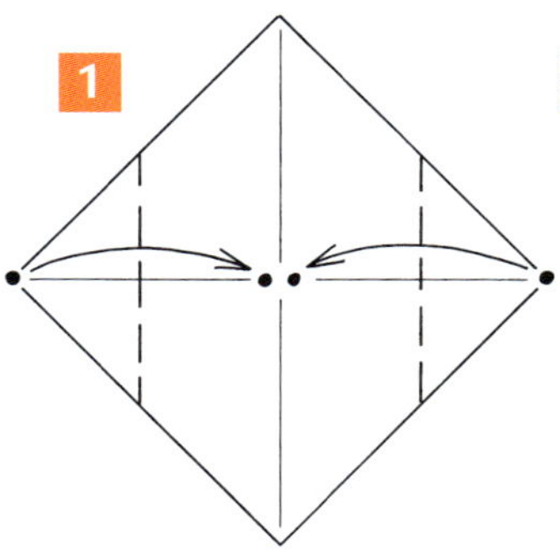

Die beiden Diagonallinien des Quadrates falten und wieder entfalten. Zwei gegenüberliegende Ecken zur Mitte falten, allerdings mit etwas Abstand zum Mittelpunkt.

2

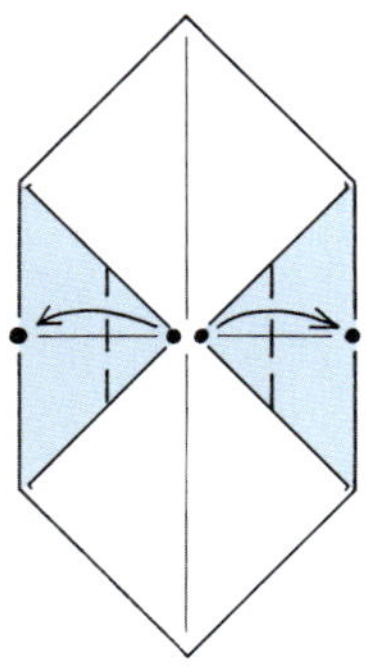

Die beiden nach innen gefalteten Ecken auf die neuen Außenkanten legen und falten.

3

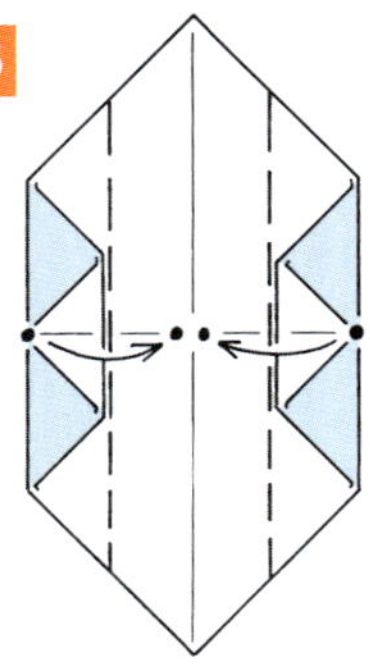

Die seitlichen Außenkanten nach innen falten.

4

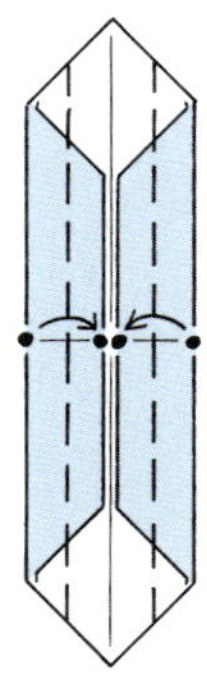

Die neuen seitlichen Außenkanten nochmals nach innen falten.

5

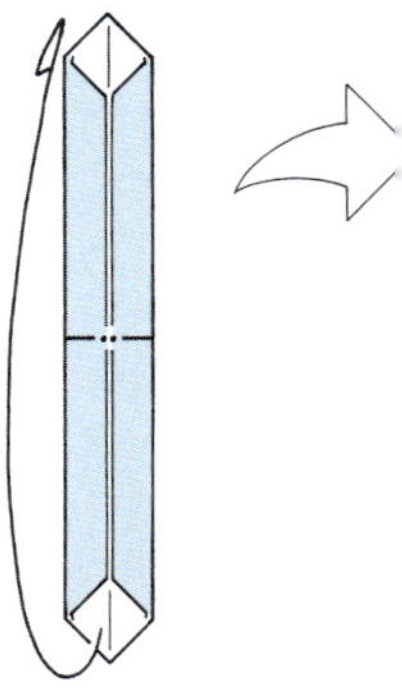

Die längliche Figur mit Bergfalte nach hinten quer halbieren.

Hubschrauber 2

1

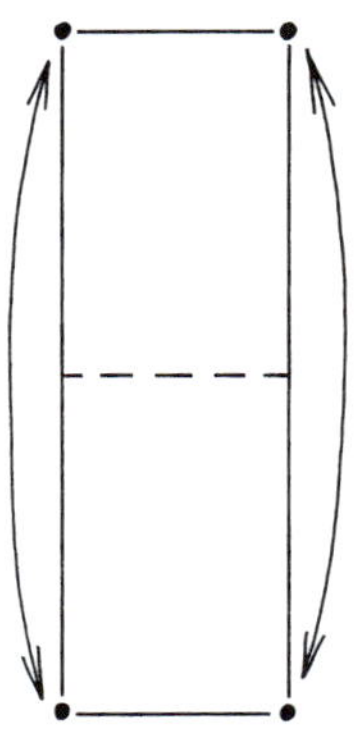

2

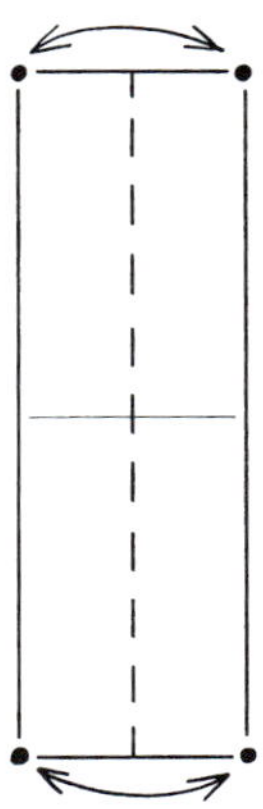

Die beiden Kreuzlinien des Rechtecks falten und wieder entfalten.

3

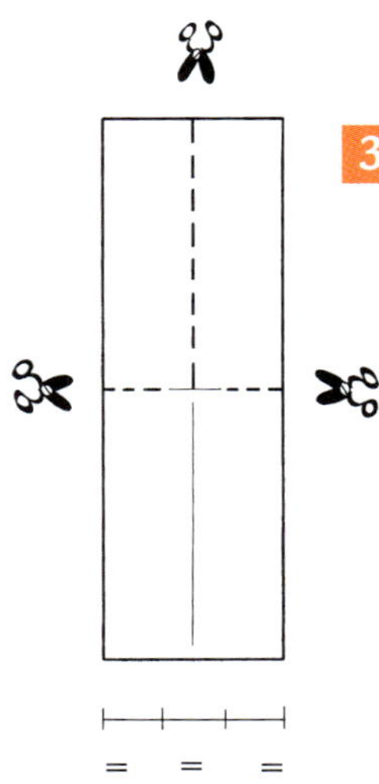

Die lange Kreuzlinie an der oberen kurzen Kante bis zur Mitte einschneiden, die kurze Kreuzlinie von beiden Kanten aus jeweils bis zu einem Drittel der Kantenbreite einschneiden. Es entstehen oben zwei Längsklappen und unten zwei schmale Querklappen.

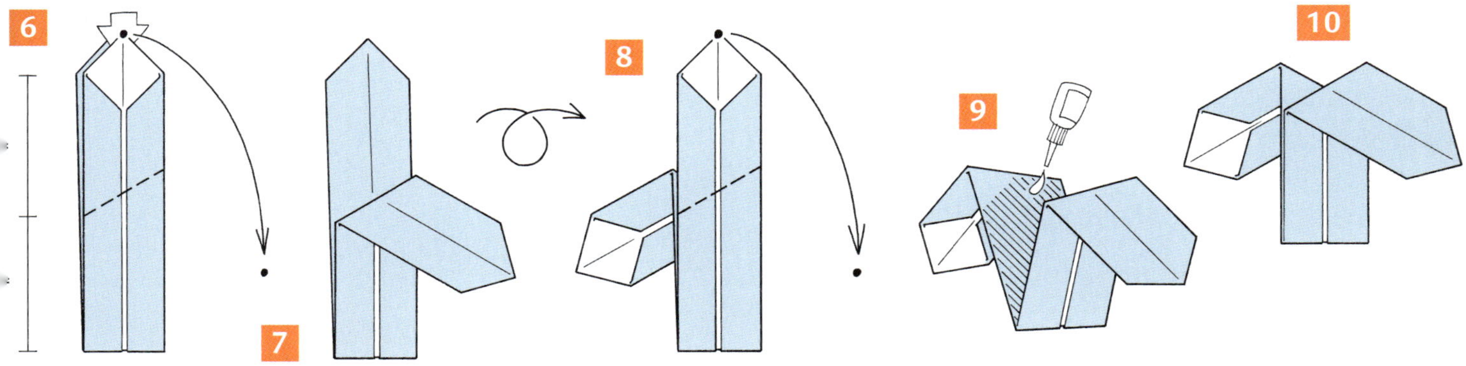

Die vordere Klappe auf halber Höhe in einem Faltwinkel von ungefähr 30 Grad schräg nach unten talfalten. Danach Figur umdrehen.

Genauso mit der anderen Klappe verfahren.

Die Figur an der markierten Fläche mit Klebstoff fixieren und trocknen lassen. Beide Flügel etwas spreizen.

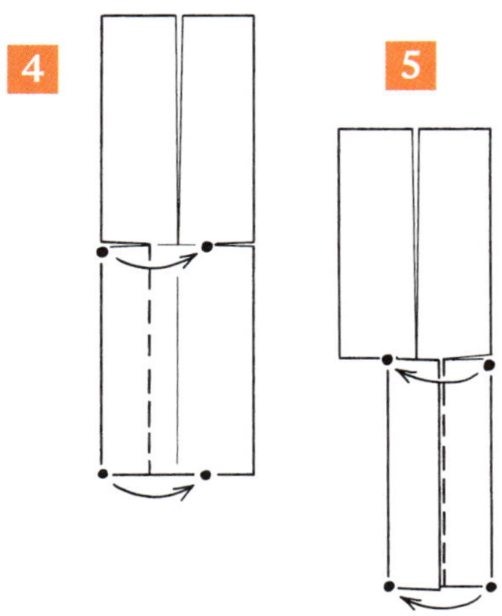

Die linke Querklappe nach rechts so talfalten, dass die Eckpunkte über den Endpunkten der Einschnitte der rechten Querklappe zu liegen kommen. Ebenso mit der rechten Querklappe verfahren.

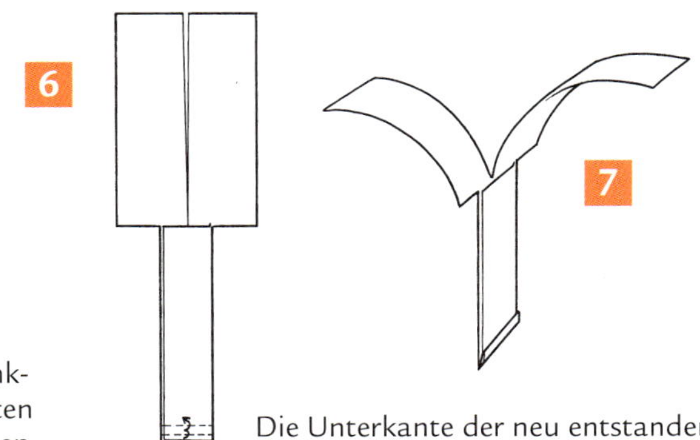

Die Unterkante der neu entstandenen unteren Klappe zweimal in kleinen Abständen talfalten. Die beiden oberen Längsklappen in Gegenrichtung leicht kräuseln.

Fliegende Fledermaus

Manche Origami-Figuren ähneln sehr ihren realen Ebenbildern, weil sie in vielen Details mit diesen äußerlich übereinstimmen. Andere Origami-Figuren ähneln mehr vom Gesamteindruck her den Originalen, weil nur die wichtigsten Merkmale angedeutet werden. Das ist hier der Fall. Dieses Spielzeug ist ein Genuss für die Augen. Die Figur wird vielleicht nicht ganz so wie ein nachtaktives Säugetier aussehen, aber sie wird sich genauso wie eine echte Fledermaus bewegen. Auf dem Bild ist die Fingerposition beim Werfen zu sehen. Figur mit einem kleinen Drehschwung nach vorne fallen lassen.

Das brauchst du

- **einfarbiges Papier, 20 x 20 cm groß**

1

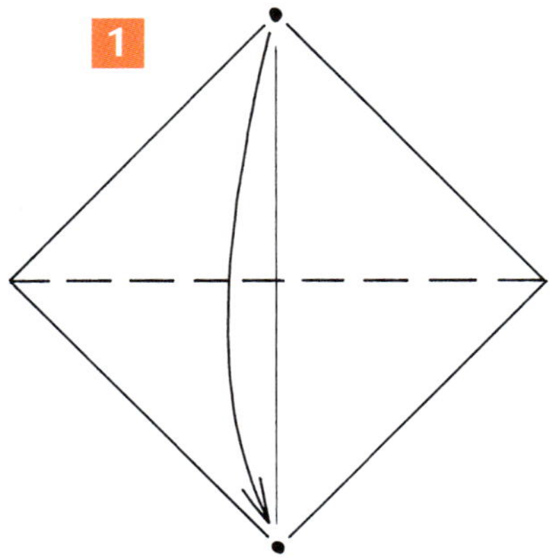

Eine Diagonale des Quadrates falten und wieder entfalten. Die zweite Diagonale nur falten.

2

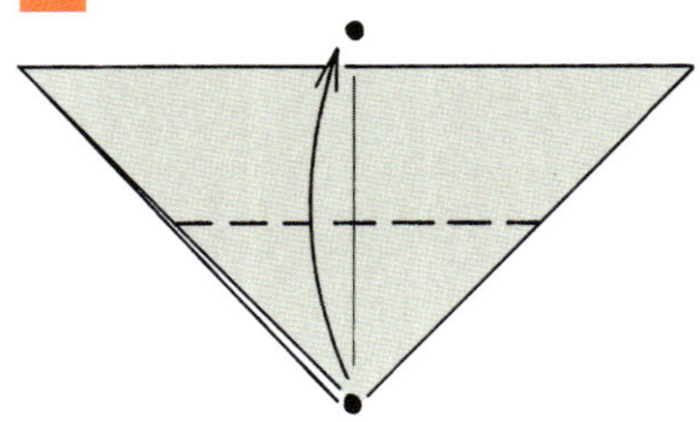

Die beiden zusammengeklappten Ecken so nach oben talfalten, dass beide Spitzen etwas überstehen.

3

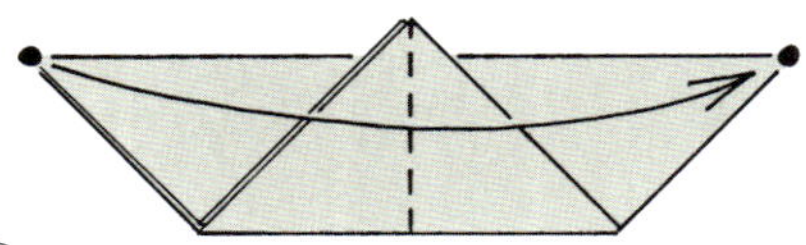

Die längliche Figur mit Talfalte quer nach rechts halbieren.

4

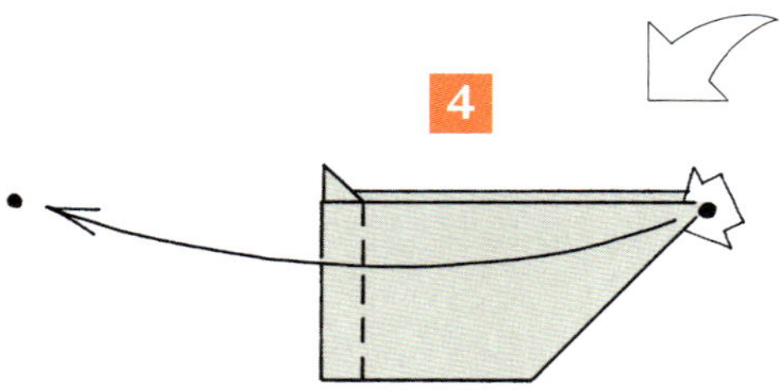

Beide Klappen an der Stelle, wo die Spitze herausschaut, nach links falten.

5

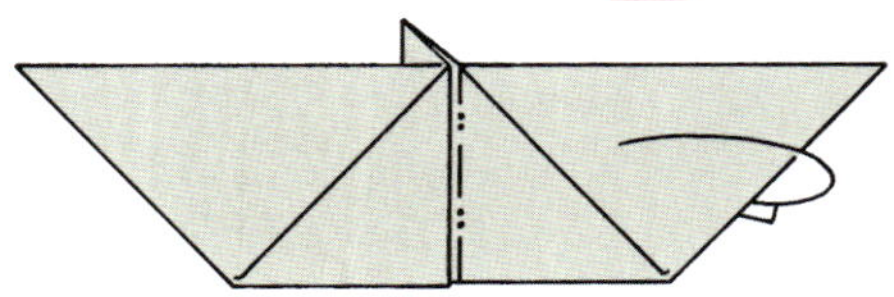

6

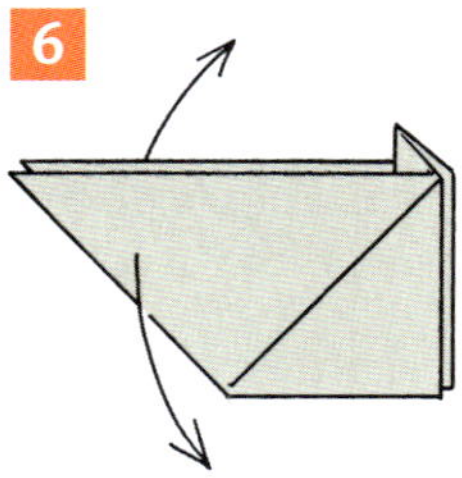

Die Flügel aufklappen.

7

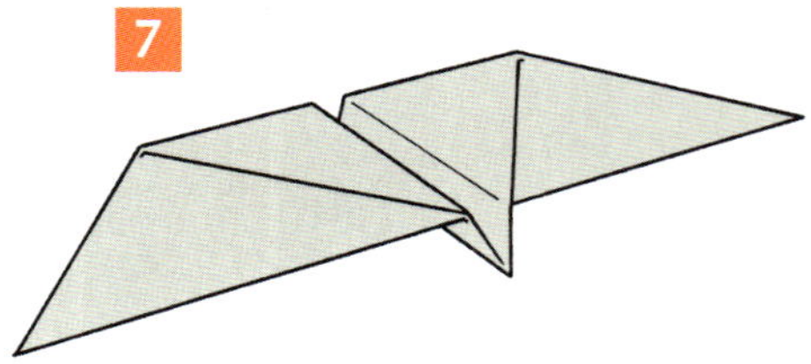

Pfeil

Viele Fluggeräte, die aus einer DIN-A4-Papierfläche gefaltet werden, stehen im Verdacht, in der Schule erfunden worden zu sein. Wie z.B. dieses, das wahrscheinlich das schnellste seiner Klasse ist. Es fliegt mit größerem Tempo, als es sich falten lässt.

Das brauchst du

- **ein- oder zweifarbiges DIN-A4-Blatt**

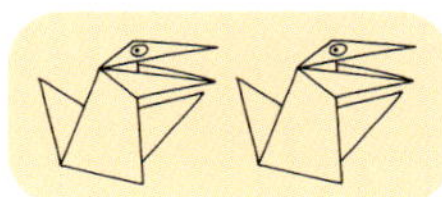

1

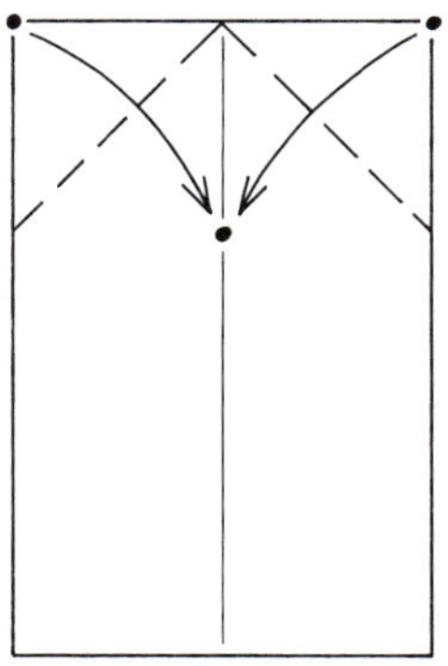

Mit einer Talfalte die Papierfläche längs halbieren und wieder entfalten. Die beiden oberen Ecken der Figur auf die Faltlinie legen und talfalten.

2

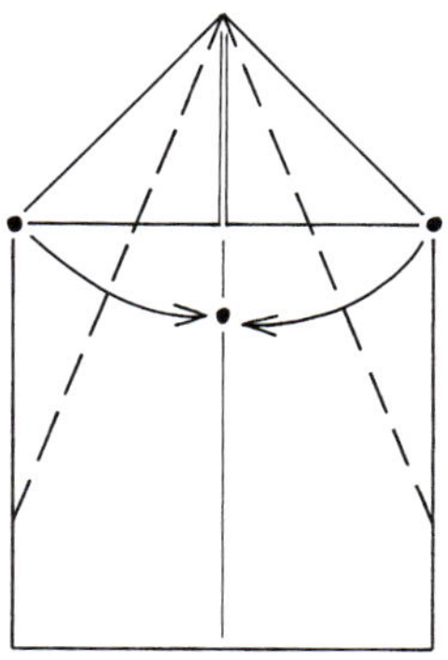

Die neuen schrägen Kanten auf die mittlere Faltlinie legen und talfalten.

3

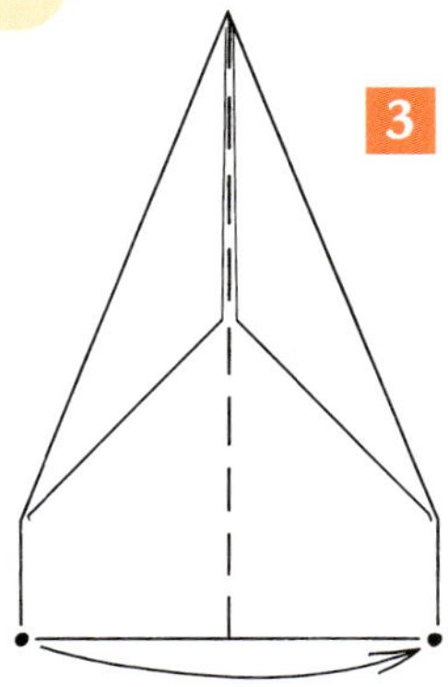

Die Figur mit Talfalte längs halbieren.

4

Beide Flügel nach unten und beide Querruder nach oben falten. Danach alle vier Klappen senkrecht aufstellen.

6

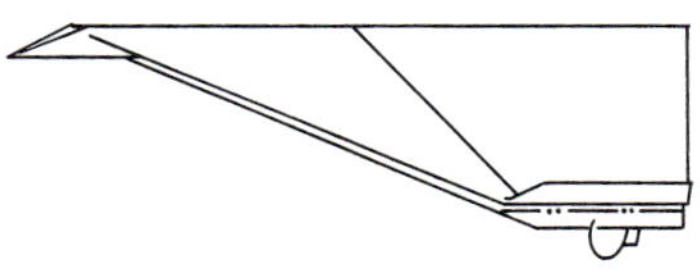

5

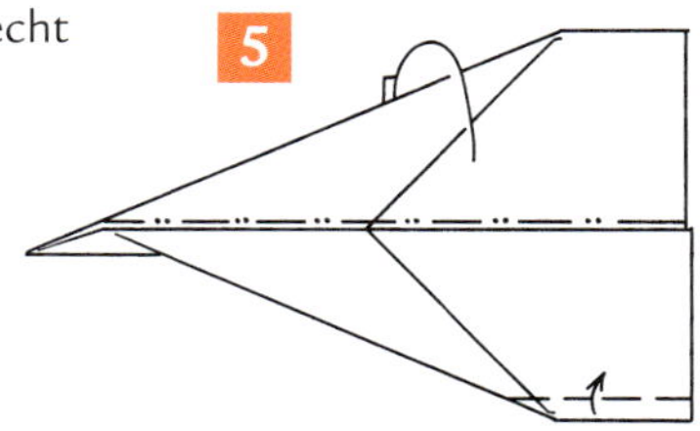

7

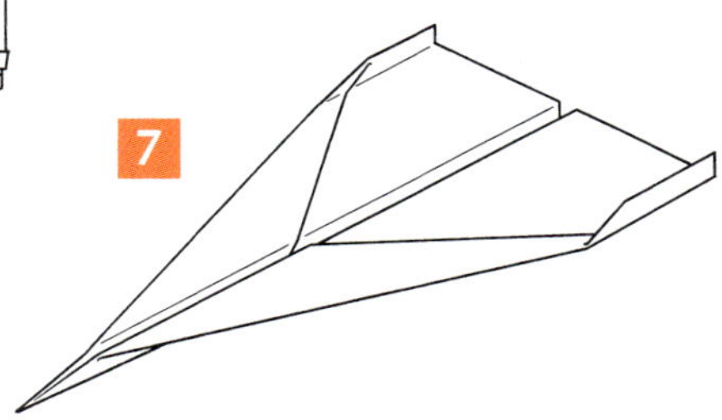

Looping

Dieses Flugzeug besticht durch seine Dynamik und verzaubert alle Zuschauer, besonders die Physiklehrer. Es ist auf der ganzen Welt berühmt.

> **Das brauchst du**
> – ein- oder zweifarbiges Papier, 20 x 20 cm groß

1

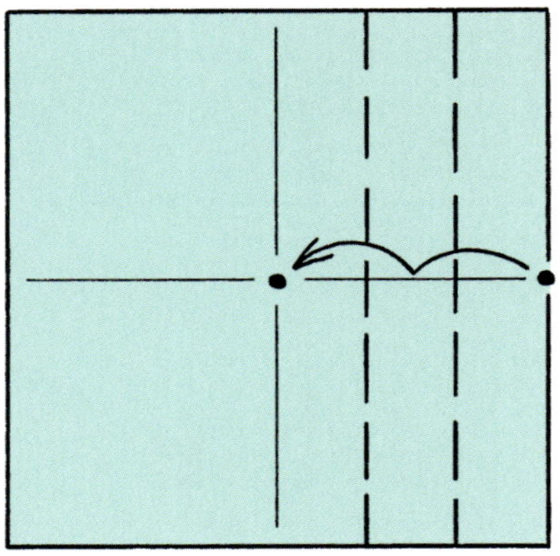

Kreuzlinien falten. Danach die rechte Hälfte über die zwei gekennzeichneten senkrechten Tallinien dritteln und Figur umdrehen.

2

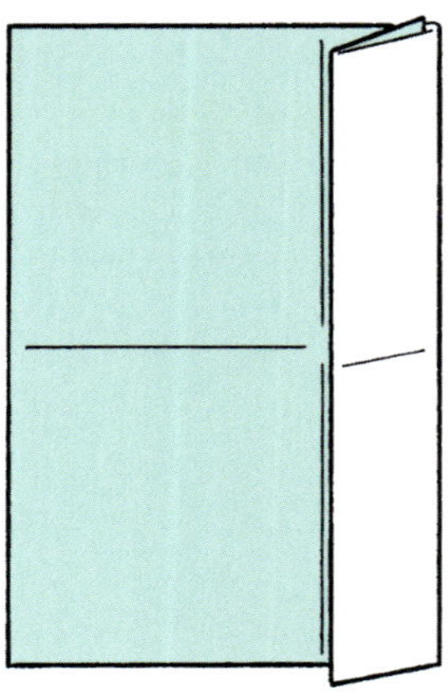

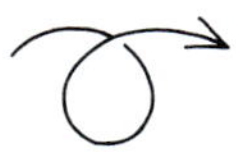

3

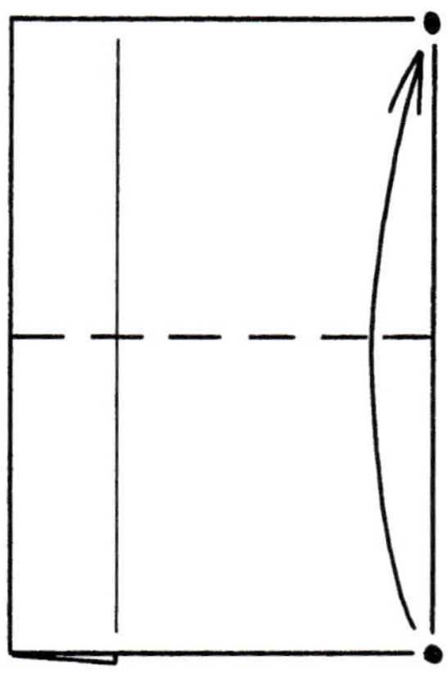

Figur über Tallinie quer nach oben halbieren.

4

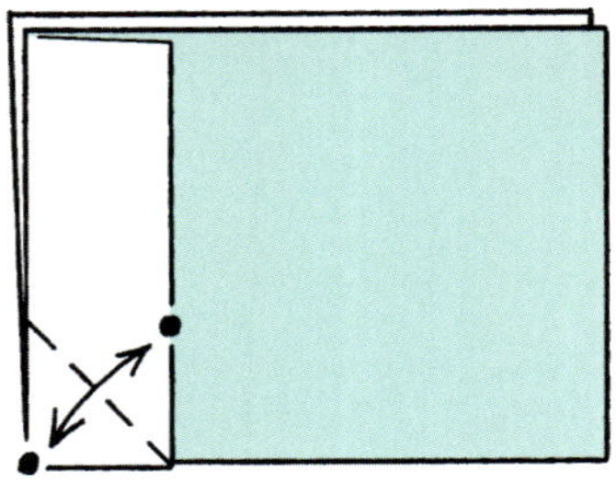

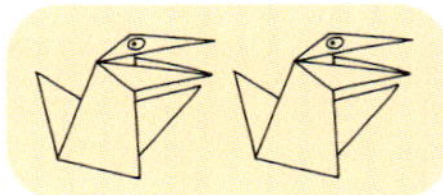

Die untere linke Ecke schräg nach oben talfalten und wieder entfalten.

5

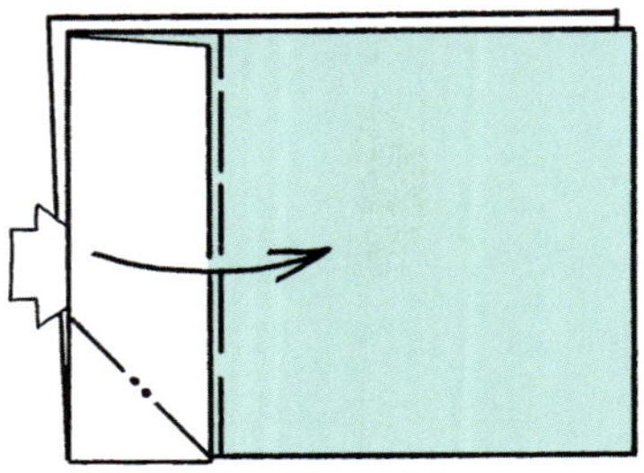

Klappen leicht öffnen. Die obere Klappe nach rechts talfalten. Automatisch wird aus der unteren schrägen Talfalte von Schritt 4 eine Bergfalte.

6

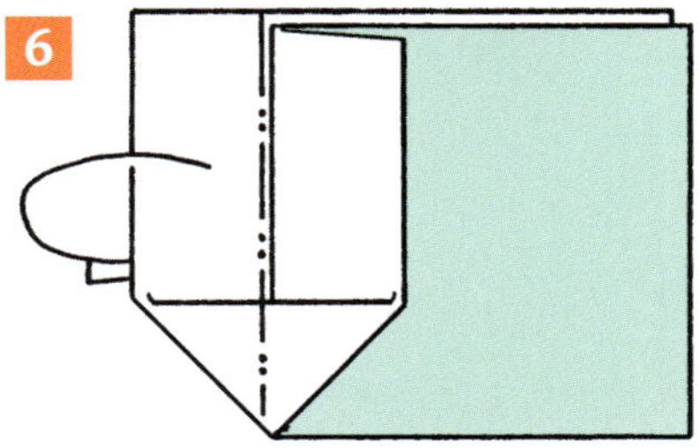

Die hintere Klappe links nach hinten bergfalten.

7

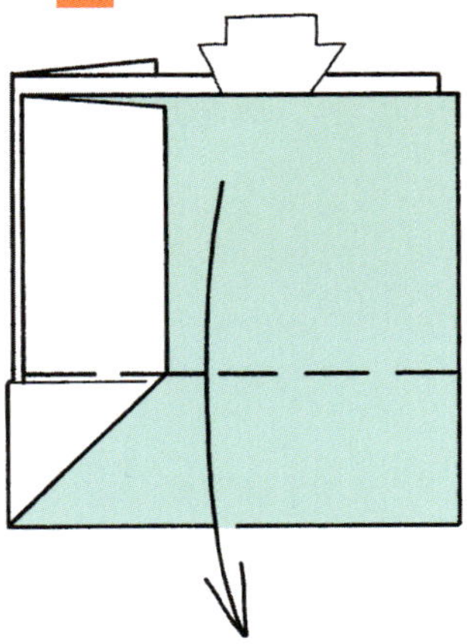

8

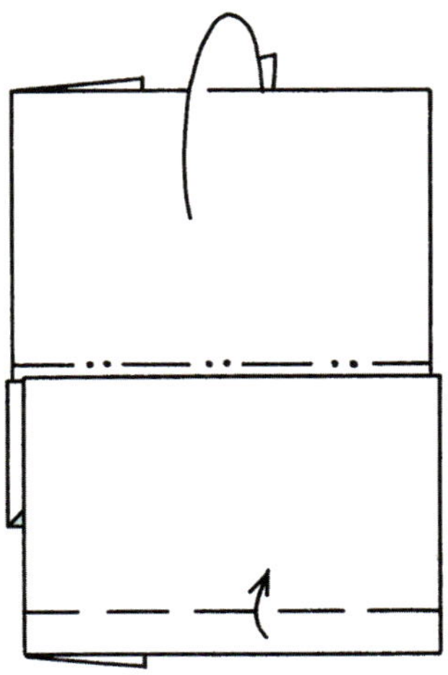

9

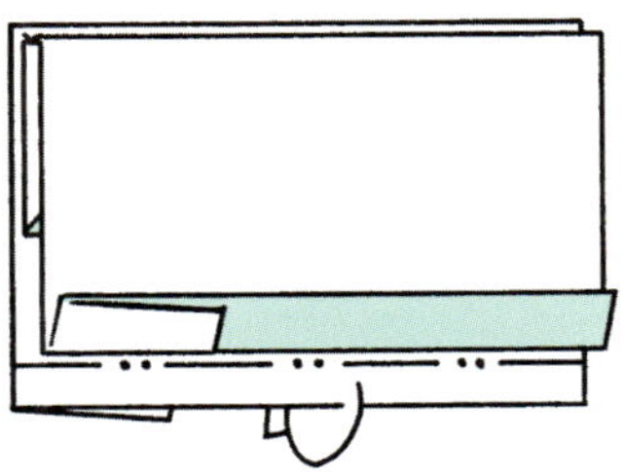

10

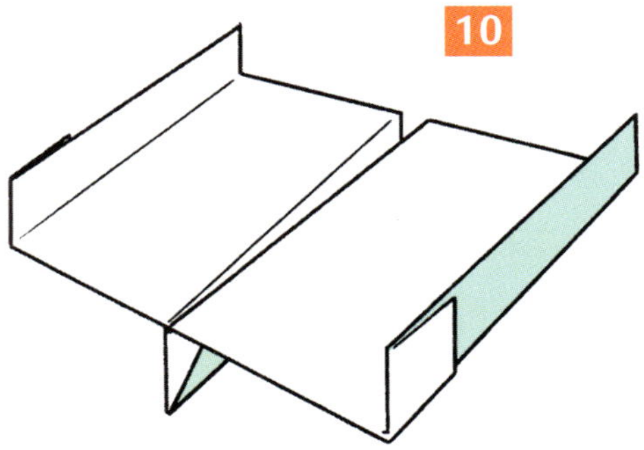

Schritte 7 bis 10: Beide Flügel nach unten und beide Querruder nach oben falten. Danach alle vier Klappen senkrecht aufstellen.

Delta

Mit großer Wahrscheinlichkeit ist dies das am einfachsten nachzubauende Flugmodell. Eigentlich ist es eher ein Flügelmodell. Es braucht aber eine besondere Wurftechnik (siehe Bild). Du musst also die Fingerposition beachten, um das Flugzeug richtig zum Fliegen zu bringen.

Das brauchst du

- **ein- oder zweifarbiges Papier, 20 x 20 cm groß**

1

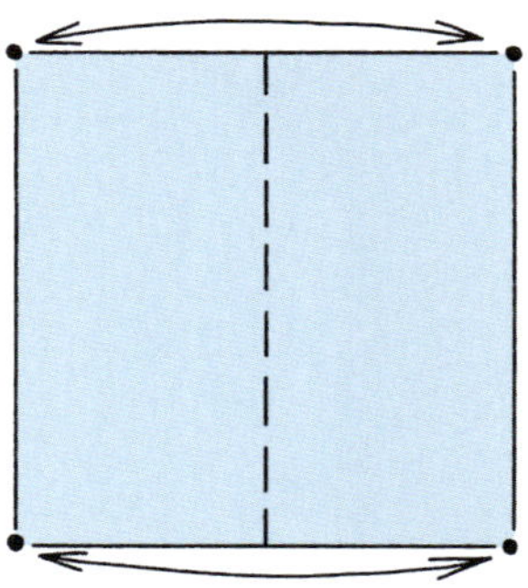

Flächen über Tallinien halbieren und wieder entfalten.

2

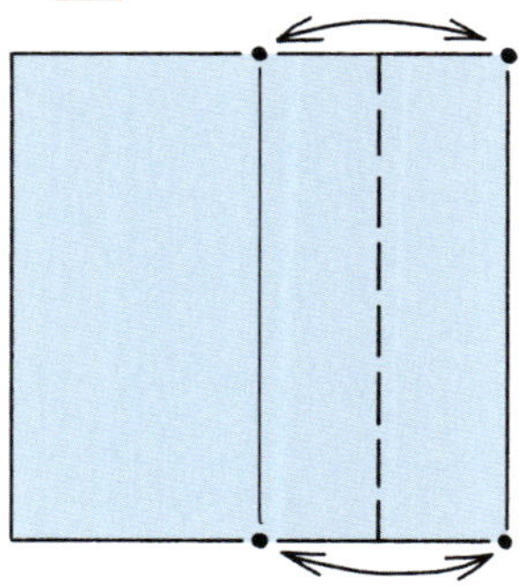

3

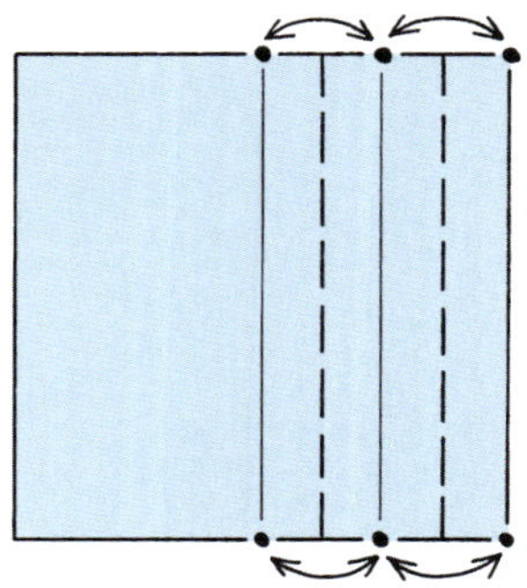

4

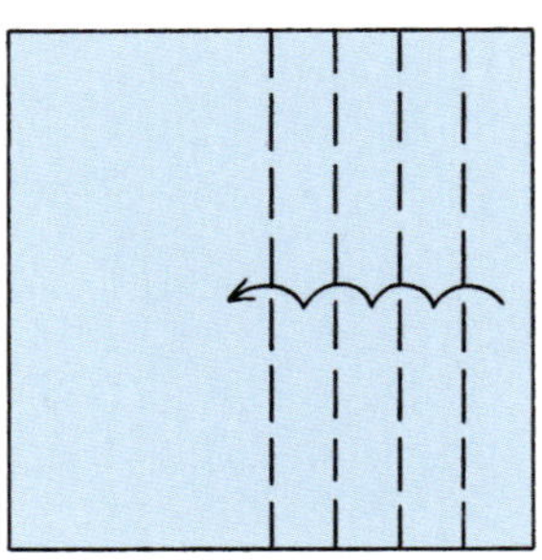

Die vier Faltlinien mit Talfalten zusammenfalten.

5

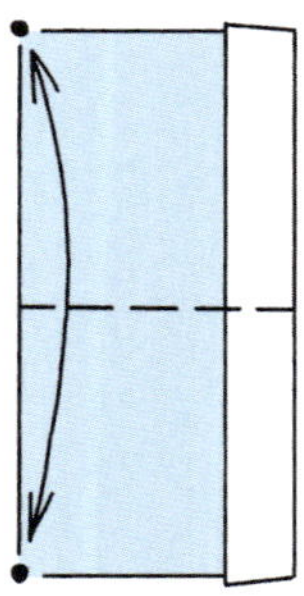

Figur mit Talfalte über Faltlinie quer nach oben halbieren und wieder entfalten.

6

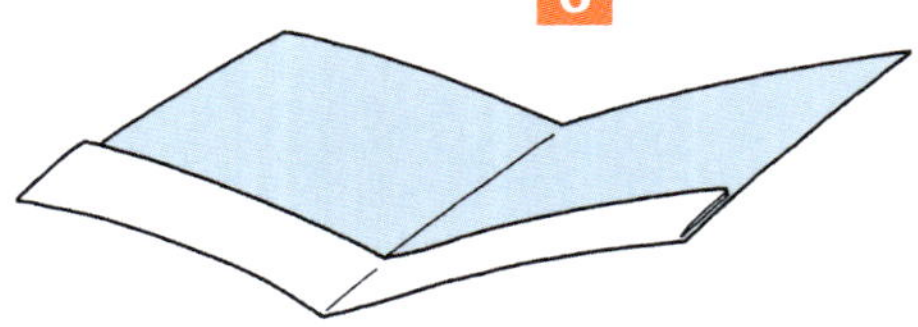

Die folgenden drei Schiffsmodelle gehören zu den ältesten Origami-Spielfiguren. Den Katamaran kann man leicht in das Segelboot verwandeln und das Schiff in ein Matrosenhemd. Mit deinen Freunden kannst du ausprobieren, welches Schiff am besten schwimmt. Das Segelboot lässt sich gut von hinten anblasen – also auf zum Pustewettstreit!

Katamaran und Segelboot

Das brauchst du

- **2 Blätter etwas dickeres, zweifarbiges Papier, 20 x 20 cm groß**
- **Wasser**

2

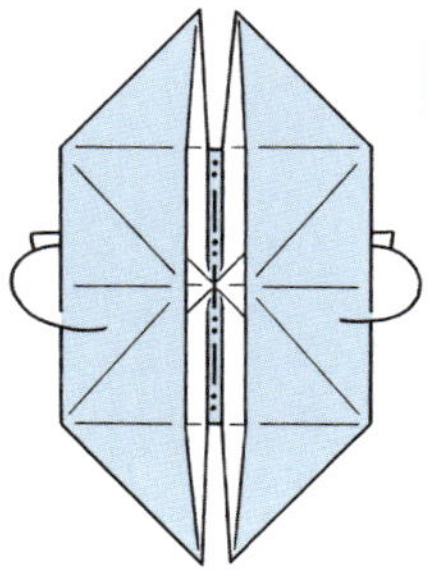

1

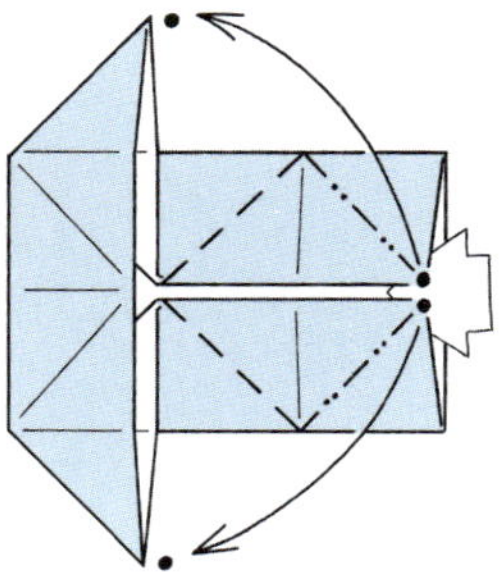

Zuerst Origami-Windmühle (siehe Seite 25) bis Schritt 5 anfertigen. Mit den Fingern beide Papierschichten da, wohin der dicke Pfeil zeigt, trennen und mit dem hineingesteckten Finger die obere Schicht nach links schieben, indem du eine Tal- und eine Bergfalte machst, bis die Orientierungspunkte nach außen kommen. Es entsteht eine Figur, die links und rechts gleich aussieht.

Wenn du einen **Katamaran** falten willst, bergfalte beide Hälften hinten zusammen und bringe das Boot in Form, damit es stabil ist.

3

4

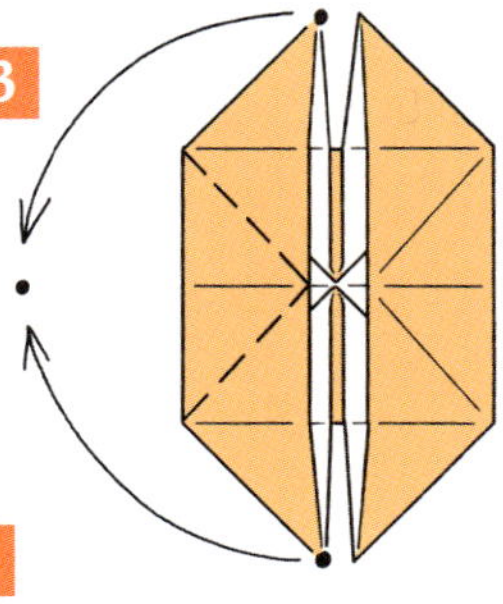

5

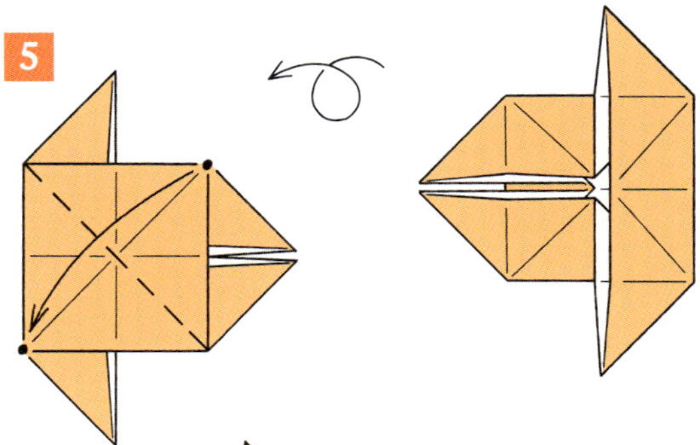

Wenn du ein **Segelboot** bevorzugst, falte die beiden Spitzen der linken Hälfte oben und unten über die vorhandenen schrägen Tallinien nach außen. Figur umdrehen.

6

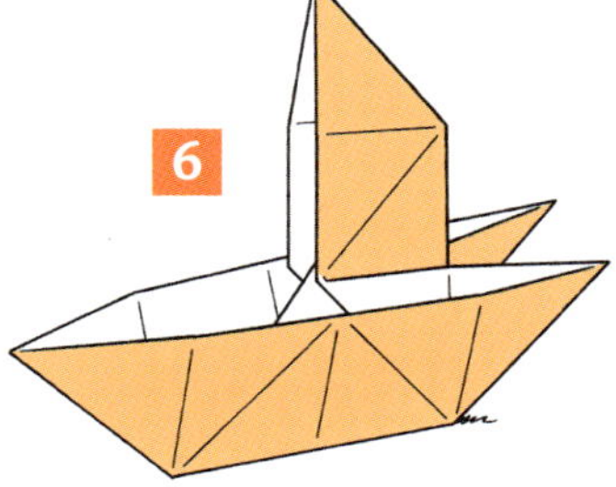

Über die gezeichnete, von links oben nach rechts unten führende Diagonallinie talfalten. Jetzt hast du ein flaches Segelboot. Bring es ein bisschen in Form, damit es gut auf dem Wasser schwimmen kann.

Schiff und Matrosenhemd

Das brauchst du

- DIN-A4-Blatt
- Stifte
- Schere mit abgerundeter Spitze
- Wasser

1

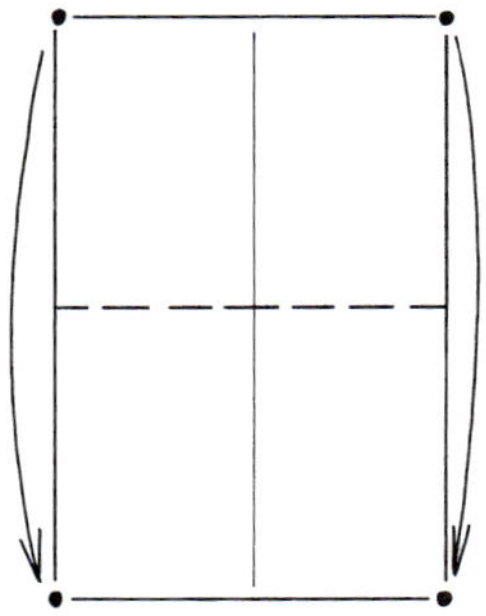

Kreuzlinien falten und Fläche mit Talfalte nach unten quer halbieren.

2

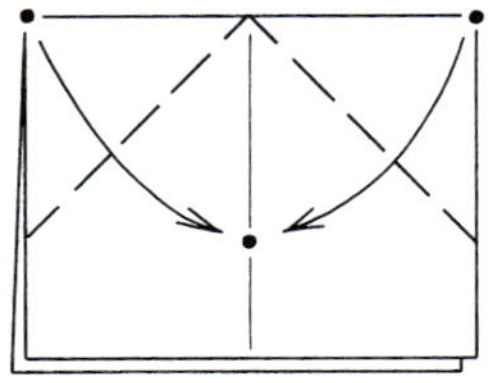

Die beiden oberen Ecken der Figur auf die mittlere Linie legen und talfalten. Achte darauf, dass die offene Seite der Figur unten ist.

3

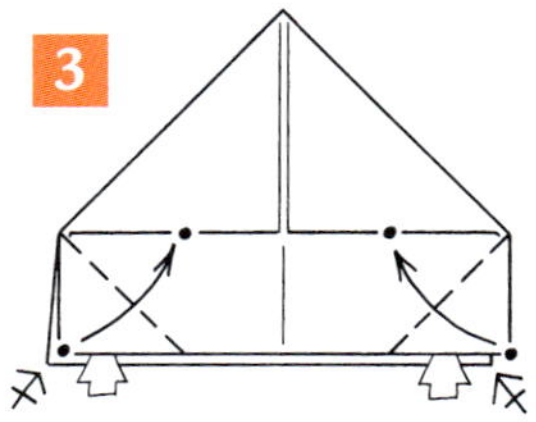

Die beiden Papierschichten unten öffnen und die beiden Ecken der oberen Schicht nach oben talfalten. Figur umdrehen und mit der Rückseite gleich verfahren.

4

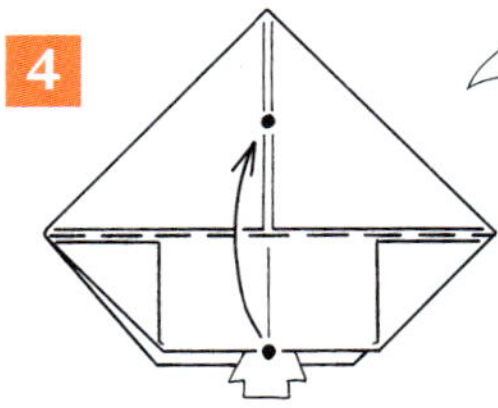

Die Klappen unten öffnen und davon die obere Klappe nach oben talfalten. Figur umdrehen und mit der Rückseite gleich verfahren.

5

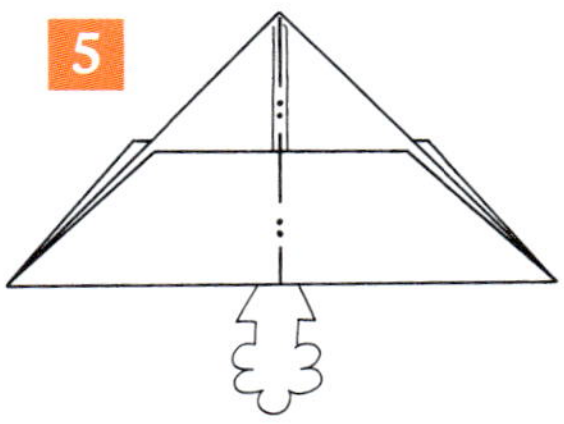

Figur von unten öffnen, beide seitlichen Spitzen miteinander verbinden und Figur flach zusammenklappen.

6

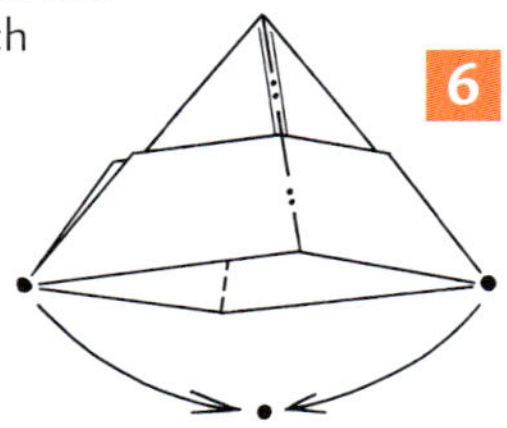

7

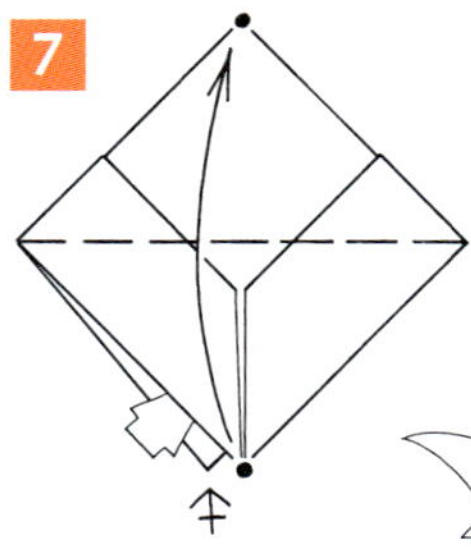

Beide neuen Klappen trennen und die obere nach oben talfalten. Figur umdrehen und mit der Rückseite ebenso verfahren.

8

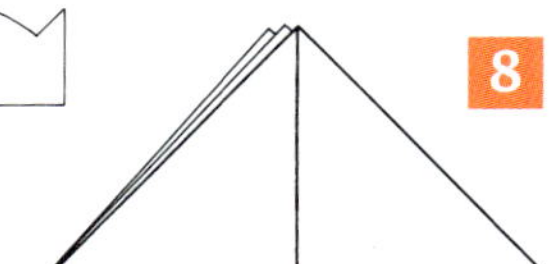

Schritte 5 und 6 bei der neuen Figur wiederholen.

9

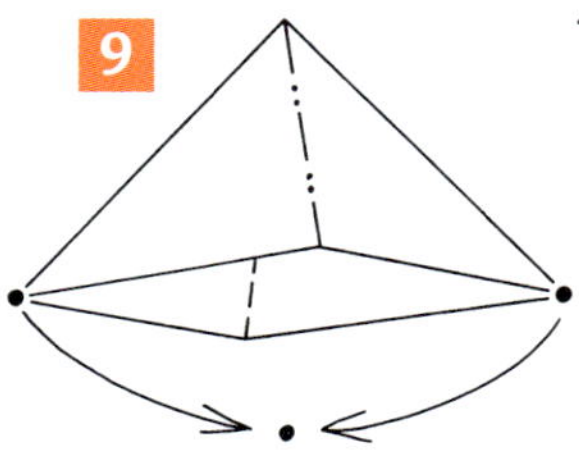

10

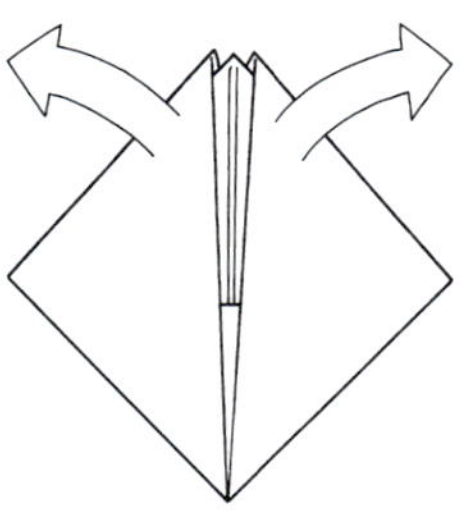

Die beiden Spitzen oben, welche das Innere bedecken, nach außen ziehen und Figur flach drücken.

11

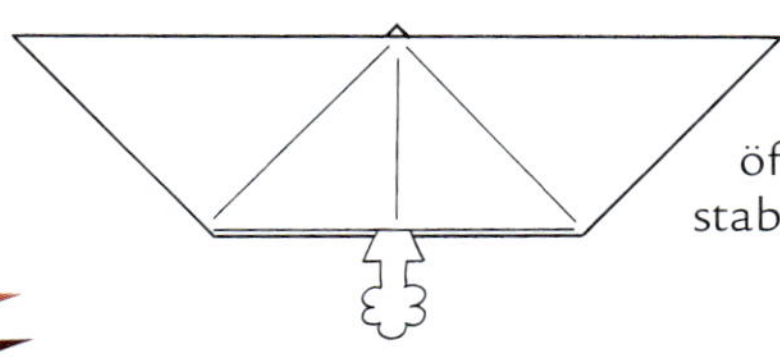

12

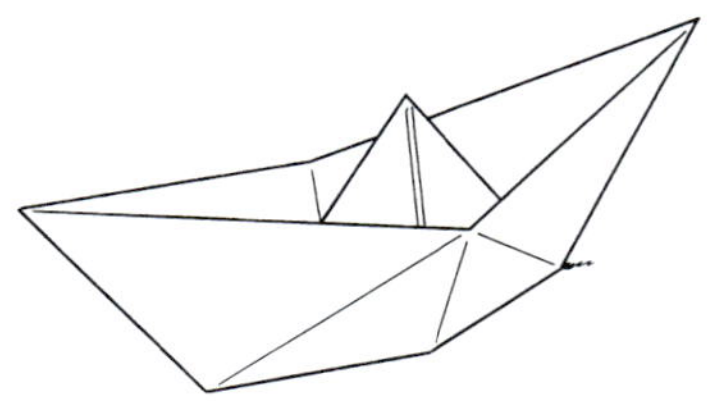

Figur noch einmal von unten öffnen und in Form bringen, bis sie stabil genug ist.

Wenn du mit deinen Freunden die verschiedenen Schiffsmodelle gebastelt hast, könnt ihr anschließend ausprobieren, welches am schwimmtauglichsten ist. Oder überrasche sie einmal mit der Geschichte vom Schiff, aus dem ein Matrosenhemd wird.

Das ist das bekannteste Schiff in der ganzen Papierfaltkunst. Schon in ganz alten Büchern sind diese Schiffe dargestellt. Heute gibt es viel aufwändigere Modelle, aber wenige schwimmen so gut wie dieses.

Wenn du vor dem Falten das Papier mit waagerechten Streifen bemalst, kannst du folgende Geschichte erzählen:

»Es war einmal ein außergewöhnliches Schiff, das in der besten Werft Deutschlands gebaut worden war. Eines Tages fuhr es an der norwegischen Küste entlang, wo die Sirenen wohnen. Als die Besatzung des Schiffes den Sirenengesang hörte, gab sie nicht mehr Acht auf das Steuer, und das Schiff prallte gegen den Felsen an der Küste und verlor seinen Bug. Trotzdem sank es nicht.«

In diesem Moment schneidest du eine der seitlichen Spitzen ab.

»Einige Tage später wurde es von einem anderen Schiff, dessen Kapitän eingeschlafen war, an der Hinterseite gerammt und verlor sein Heck. Aber das Schiff sank auch jetzt noch nicht.«

Nun schneidest du die andere seitliche Spitze ab.

»Kurz danach kam ein großes Unwetter. Ein Blitz traf den Mast des Schiffes, und der Mast verbrannte samt dem Segel. Da sank das Schiff schließlich doch und verschwand für immer in der Tiefe des Meeres.«

Nun schneidest du die oberste Spitze des Schiffes ab, aber nicht mit einem geraden Schnitt, sondern mit einer Kurve.

»Nur eins blieb von dem Schiff übrig. Ein Fischer, der in der Nähe sein Fangnetz ausgeworfen hatte, fand es im Netz. Was war es wohl?« Das Publikum, das dir zuhört, antwortet irgendetwas, während du den Rest des Schiffes auseinander faltest und sagst:
»Es war ein Matrosenhemd.«

Wenn jemand kein Blatt vor den Mund nimmt, so spricht er gewöhnlich so, wie ihm der Schnabel gewachsen ist. Du kennst bestimmt noch mehr solcher Redensarten. Doch hast du gewusst, dass du mit einem Blatt Papier vor dem Mund Musik machen kannst?

In diesem Kapitel wird dir gezeigt, wie du mit kleinen und großen Papierstücken Melodien spielen oder einfach Krach erzeugen kannst. Aber denke daran, die Teile dazu müssen erst gebastelt werden.

Klingendes Blatt

Wenn du das Papier mit beiden Händen waagerecht ziehst, vor die Lippen hältst und bläst, werden laute Klänge erzeugt. Das Papier aber nicht mit den Lippen berühren, denn die Lippen können durch die Vibration des Papiers strapaziert werden. Außerdem wird das Papier feucht, und feuchtes Papier klingt überhaupt nicht.

Wenn der Klang da ist, versuchen, ihn so lange wie möglich zu halten. Mit verschiedenen Papiersorten erhältst du unterschiedliche Klänge.

Das brauchst du

- ein- oder zweifarbiges Papier, 10 x 5 cm groß
- Lungenluft

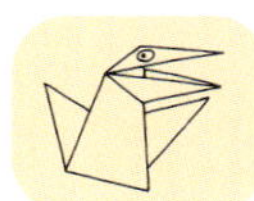

Tipp für Erwachsene

Bei der richtigen Benutzung des Papiers als Instrument gibt es keine Probleme. Auf Dauer kann aber die Vibration des Papiers die Lippen belasten. In diesem Fall das Kind lieber eine Weile pausieren lassen.

Mundharmonika

Mundharmonika an die Lippen führen und die Finger auf beide seitlichen Klappen Richtung Mund drücken, damit die geblasene Luft direkt zu den Papierschnitten geleitet wird. Nun kräftig blasen, bis »Musik« zu hören ist.

Das brauchst du

- ein- oder zweifarbiges Papier, 10 x 10 cm groß
- Schere mit abgerundeter Spitze
- Lungenluft

1

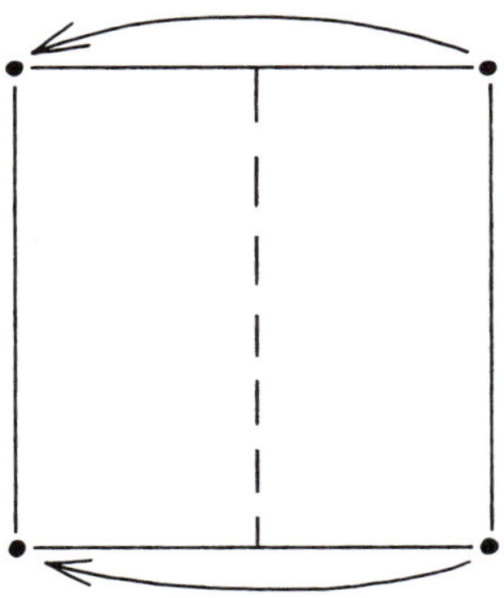

Quadrat mit Talfalte über die Kreuzlinie nach links längs halbieren.

2

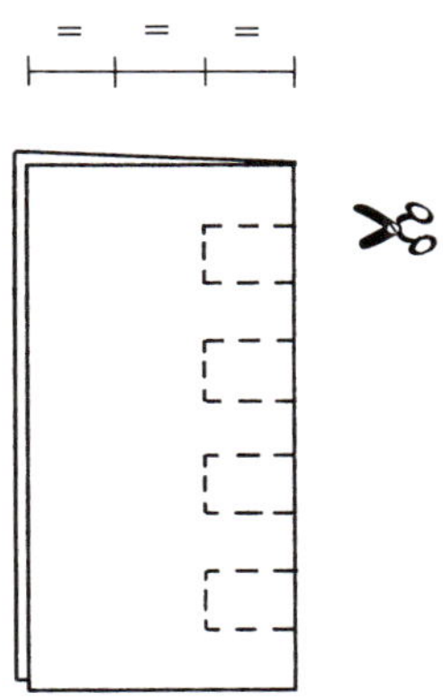

An der rechten geschlossenen Kante mit acht Einschnitten neun gleichmäßige »Zähne« fertigen. Die Länge der Einschnitte soll ungefähr einem Drittel der Breite der Klappen entsprechen. Danach jeden zweiten Zahn abschneiden. Es bleiben fünf Zähne.

3

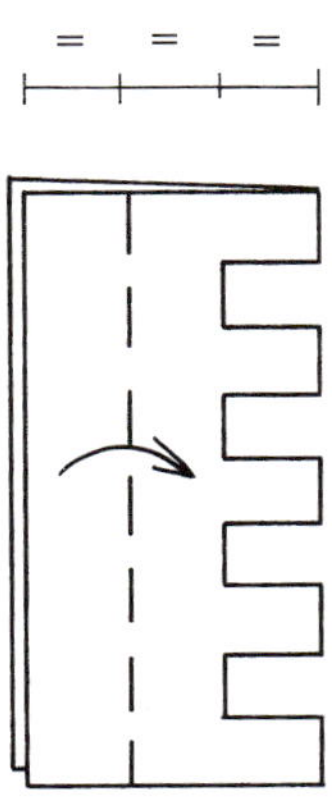

4

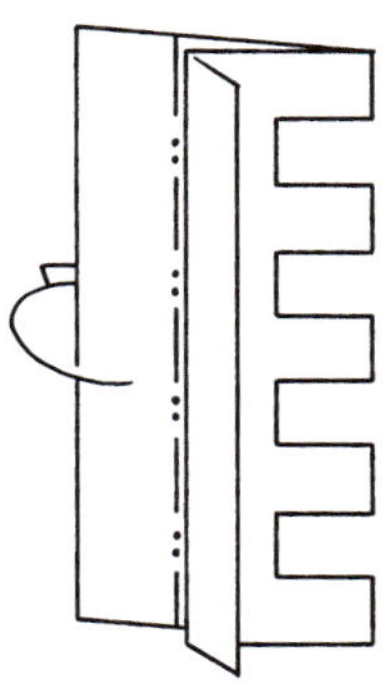

5

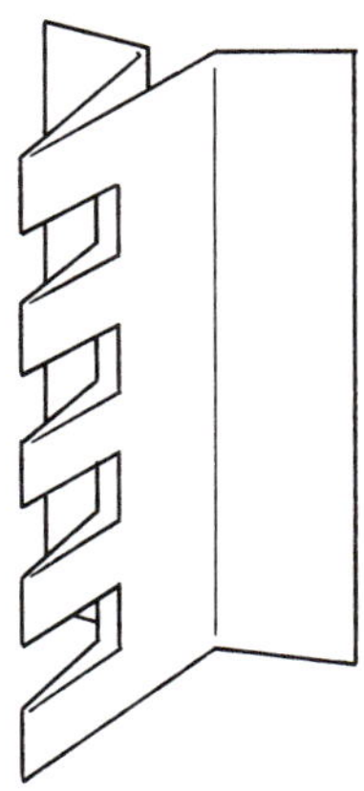

Die offenen Kanten beider Klappen über die jeweilige Faltlinie, die ebenfalls bei einem Drittel der Klappenbreite verläuft, nach außen falten.

Trompetchen

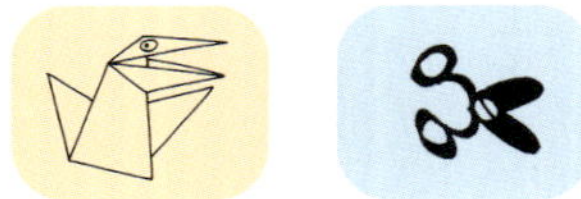

Mit diesem Instrument aus Papier kannst du nur wenige Noten spielen, dafür aber einen sehr interessanten Klang erzeugen. Nach der Herstellung das kleine Trompetenloch in ovale Form bringen und die Spitze des Trompetchens zwischen die Lippen stecken – aber nicht zubeißen! – und blasen. Wenn der Trompetenkegel zu weit oder zu eng ist, vibriert das Papier nicht. Möglichst nur Luft und nicht Spucke hineinblasen. Feuchtes Papier klingt nämlich nicht. Lass es in diesem Fall erst wieder trocknen, bevor du erneut bläst.

Das brauchst du

- ein- oder zweifarbiges DIN-A4-Blatt (am besten Packpapier)
- Schere mit abgerundeter Spitze
- Kleber
- Lungenluft

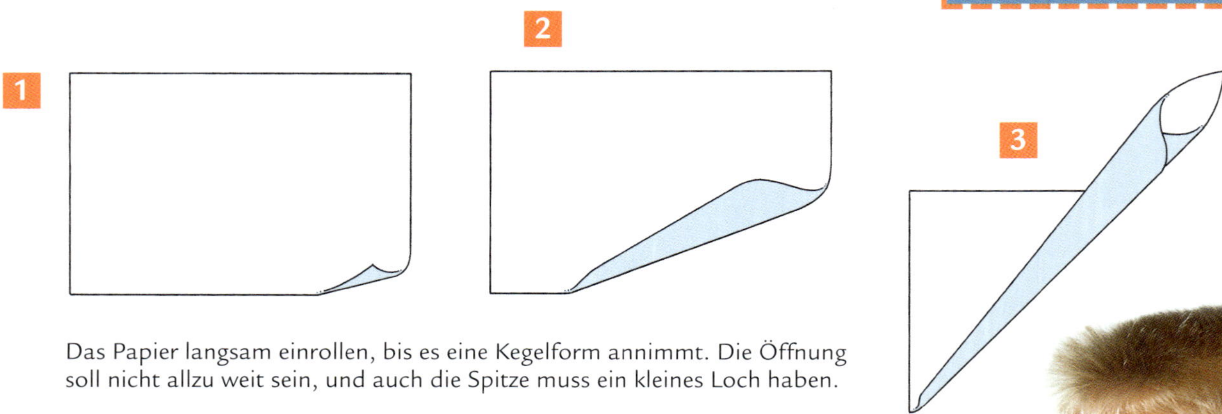

Das Papier langsam einrollen, bis es eine Kegelform annimmt. Die Öffnung soll nicht allzu weit sein, und auch die Spitze muss ein kleines Loch haben.

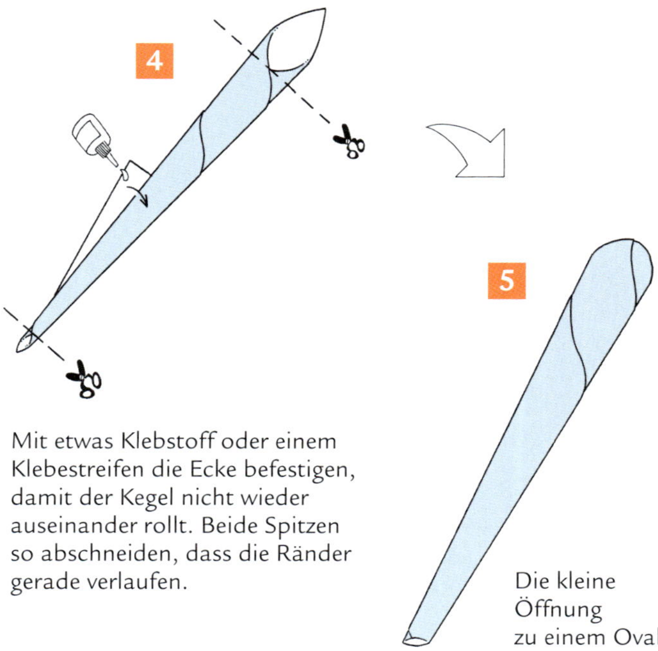

Mit etwas Klebstoff oder einem Klebestreifen die Ecke befestigen, damit der Kegel nicht wieder auseinander rollt. Beide Spitzen so abschneiden, dass die Ränder gerade verlaufen.

Die kleine Öffnung zu einem Oval formen.

Fußkracher

Dieses Spielzeug gehört eher in den Lärmbereich als in den der Musik. Mit dem Turnschuh kräftig auf den am Fußboden liegenden Kegel treten. Falls es beim ersten Mal nicht klappt, brauchst du nicht gleich einen zweiten Kegel zu falten, sondern du musst nur den alten wieder in Form bringen. Mehr Lärm erzeugst du in einem Zimmer, in dem es mehr Echo gibt, z. B. in einer gefliesten Toilette. Wenn du andere dazu aufforderst, die Augen zu schließen, um im Inneren des Kegels die Meeresmusik hören zu können, werden sie nicht sehen, wie du den Krachmacher auf dem Fußboden vorbereitest. Der Knall wird dann sicher eine große Überraschung sein.

Das brauchst du

- ein- oder zweifarbiges DIN-A4-Blatt (am besten Packpapier)
- Kleber
- deinen Fuß mit Turnschuh (flache Sohle, keine Wanderstiefel)

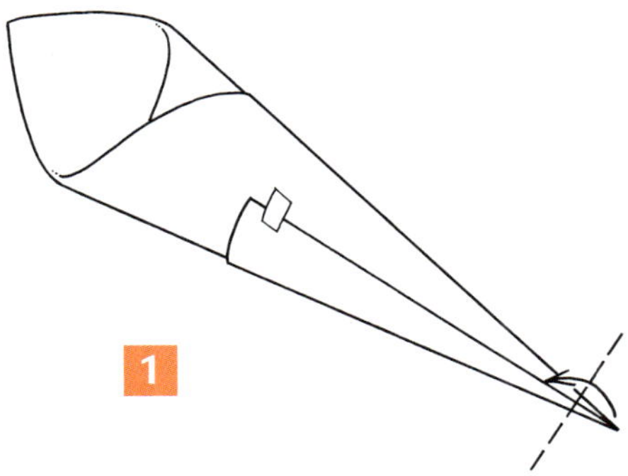

1

Einen Kegel basteln, so wie er in den ersten vier Schritten des »Fliegenden Kegels« beschrieben ist (siehe Seite 27), ohne jedoch die Spitze abzuschneiden. Die untere Spitze umknicken.

2

Bombe auf den Fußboden legen (Position siehe Bild) und mit dem Fuß in die gezeichnete Richtung treten.

Bandoneon

Der Tango ist ein Tanz, der in Argentinien entstanden ist, aber das Bandoneon, das fast immer den Tango begleitet, ist eine deutsche Erfindung. In diesem Buch gibt es verschiedene Instrumente. Manche machen Musik, andere lustigen Lärm. Dieses Bandoneon erzeugt weder Musik noch Lärm, aber man hat das Gefühl, ein echtes Instrument in den Händen zu halten. Und obwohl es keinen Klang von sich gibt, kann man damit einen tollen Tango singen oder tanzen oder beides machen.

Das brauchst du

- **einfarbiges Papier (am besten Packpapier), 60 x 40 cm groß**
- **Tango-Liederbuch**

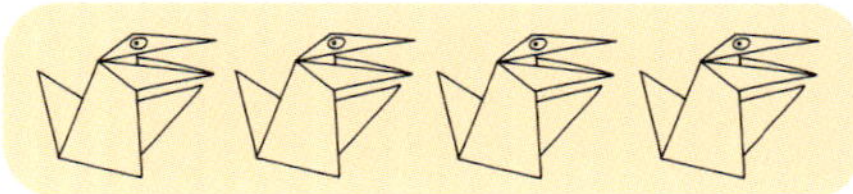

1

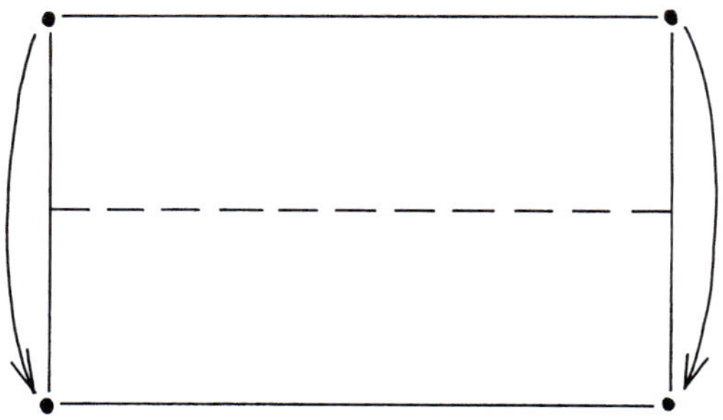

Rechteck längs halbieren und obere Klappe nach unten talfalten.

2

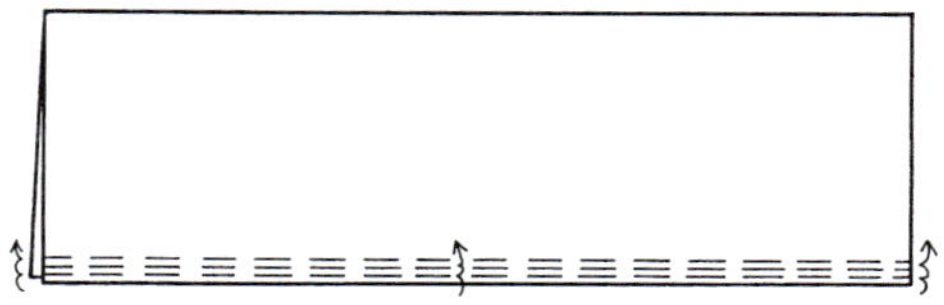

Beide Schichten der offenen Unterkante zusammennehmen und dreimal gerade nach oben talfalten.

3

4

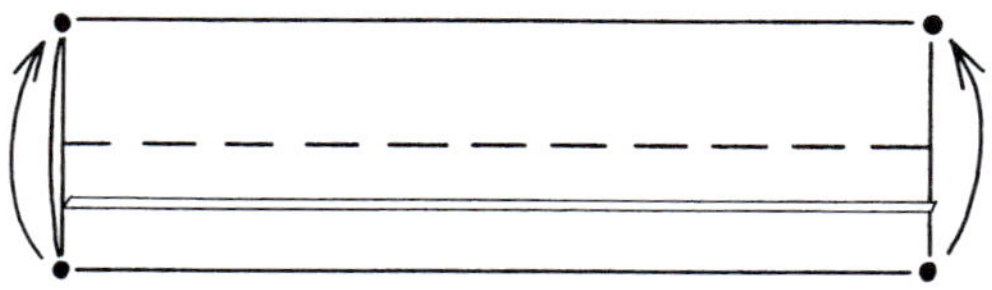

Mit den Händen die Papierschichten von beiden Seiten öffnen und die Figur in zylindrische Form bringen. Figur etwas drehen, damit die dreifache Talfalte nicht mehr die untere Kante bildet, sondern um ein Viertel nach oben verschoben ist, also genau zwischen der neuen Unterkante und der neuen Mittellinie liegt, wenn die Figur wieder flach ist. Danach die Unterkante auf die Oberkante legen und talfalten.

5

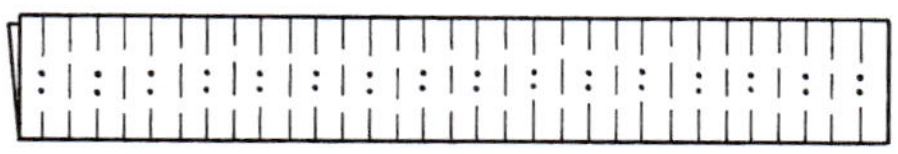

32 Abschnitte abwechselnd tal- und bergfalten. Diese 32 Teile bekommst du ganz einfach:
Zuerst die Länge halbieren (2 Teile), danach die beiden Hälften (4 Teile) und die Hälften der beiden Hälften (8 Teile). Das machst du noch zweimal (16, 32 Teile). Anschließend die Faltrichtungen korrigieren und jede Falte mit den Nägeln kräftig falzen.

6

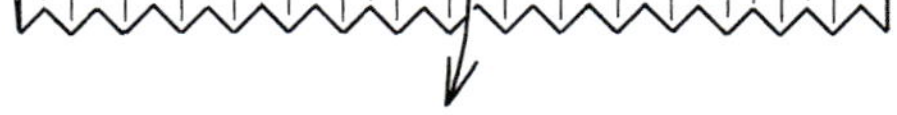

Klappen von Schritt 4 vorsichtig auffächern.

7

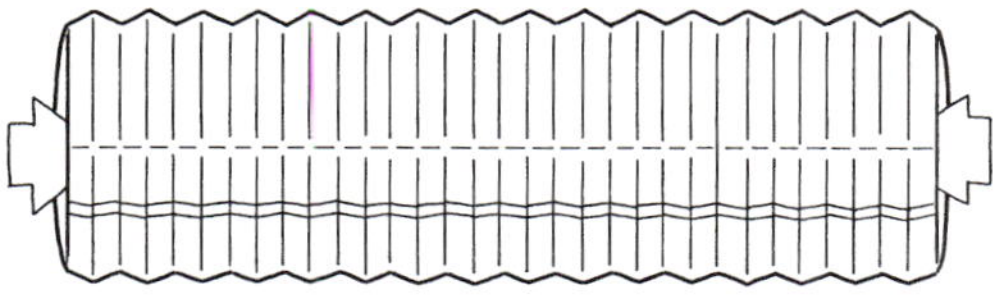

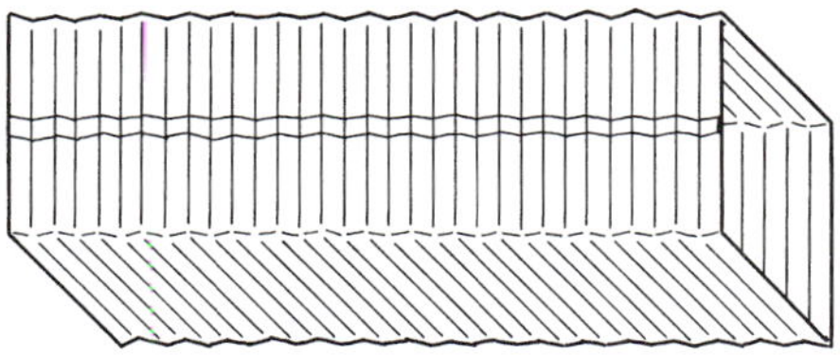

8

Mit den Händen die Papierschichten von beiden Seiten öffnen und Figur in Quaderform bringen.

9

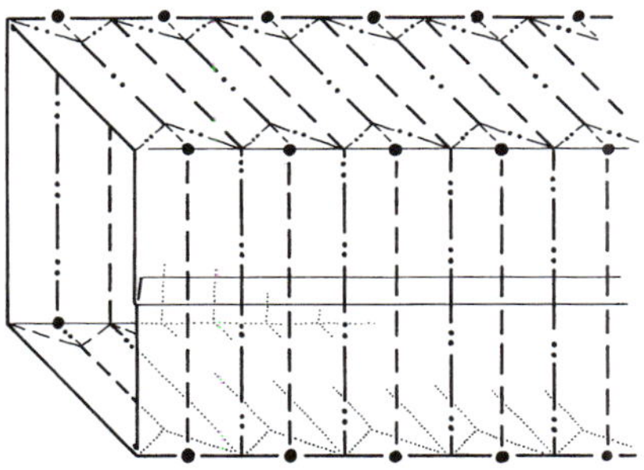

In diesem Ausschnitt siehst du, wie sich Berg- und Talfalten abwechseln. Alle langen Faltlinien sind schon vorgefaltet. Wenn du auf die Orientierungspunkte drückst, am besten mit einer Hand drinnen und einer draußen, werden die gezeichneten kurzen Faltlinien fast von allein entstehen. Du musst also die Ecken mit den Orientierungspunkten der Reihe nach eindrücken und die ganze Figur falzen.

10

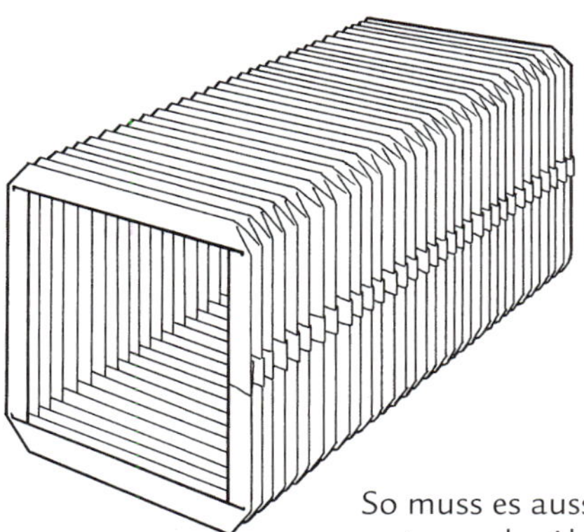

So muss es aussehen. Jetzt die ersten sechs Abschnitte an jedem Ende, also jeweils die ersten drei Zacken wieder entfalten.

11

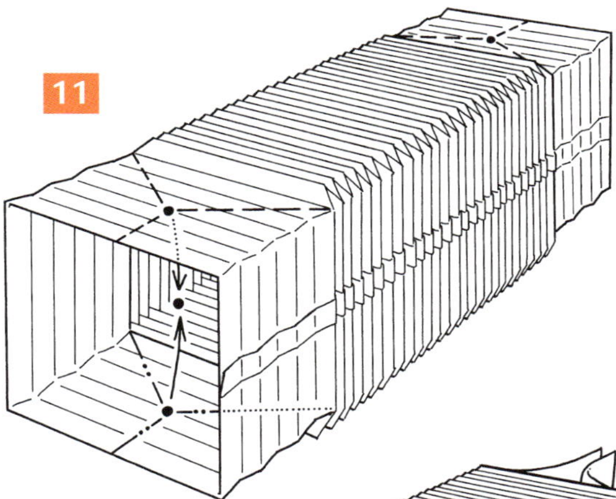

12

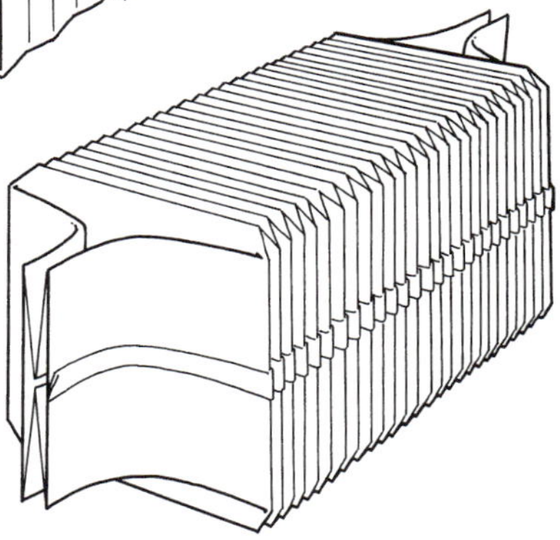

Die entfalteten Flächen an den beiden Orientierungspunkten, die sich auf der Ober- und der Unterseite in der Mitte befinden, gleichzeitig nach innen drücken, sodass die Punkte zusammentreffen. Automatisch werden die Ober- und die Unterseite zusammengeklappt und von der rechten und der linken Seite bzw. Klappe versteckt. Die Seitenklappen sind so lang, dass sie, zusammengedrückt, nach außen abstehen. Sie dürfen aber nicht ganz zusammengepresst werden, damit immer Luft hinein- und herausgepumpt werden kann und das Bandoneon funktioniert.

Knalltüte

Es gibt verschiedene Arten, einen Knaller zu falten. Dieses Modell macht bestimmt am meisten Lärm, vor allem in einem Raum mit viel Resonanz, z.B. in der Toilette oder im Treppenhaus. Das gefaltete Papier an der geschlossenen Spitze des Dreiecks festhalten und kräftig nach vorne schlagen, damit beide Klappen herausschnellen und einen lauten Knall erzeugen. Nach dem »Schuss« brauchst du nur beide »Patronen« wieder zurückzufalten. Manchmal kommt nur eine Patrone heraus, wenn du nicht kräftig genug geschlagen hast. Es kann sein, dass das Papier nach mehrmaliger Benutzung reißt. In diesem Fall einfach mit Klebestreifen reparieren.

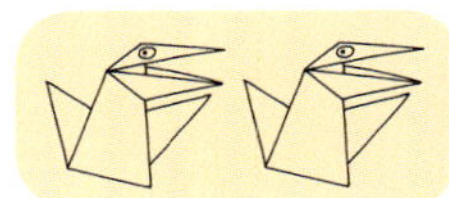

1

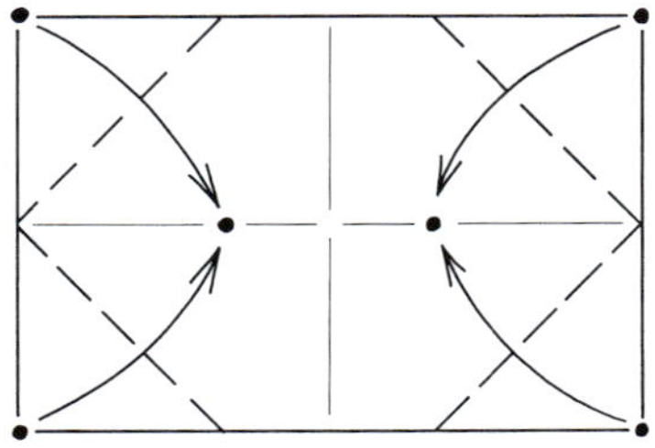

Die Kreuzlinien falten und wieder entfalten. Die vier Ecken auf die Mittellinie legen und schräg talfalten.

2

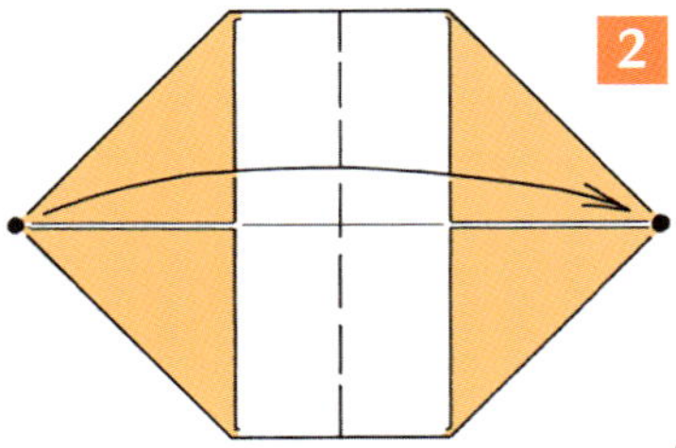

Die linke Ecke über die Mittellinie auf die rechte Ecke legen und falten.

3

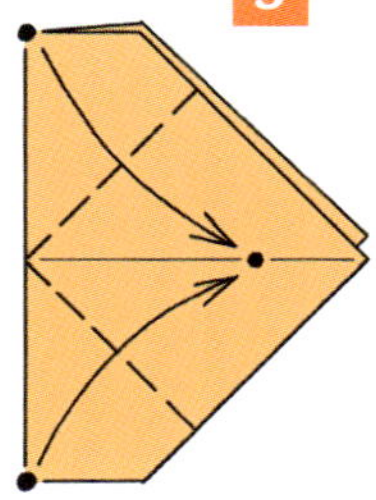

4

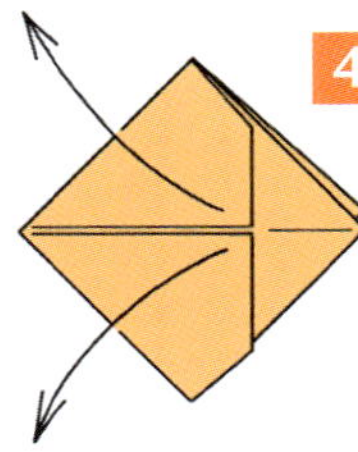

5

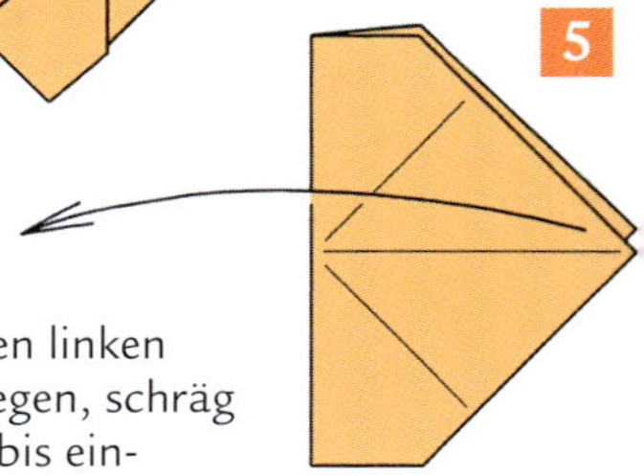

Die beiden Ecken der neuen linken Kante auf die Mittellinie legen, schräg talfalten und alles wieder bis einschließlich Schritt 2 entfalten.

6

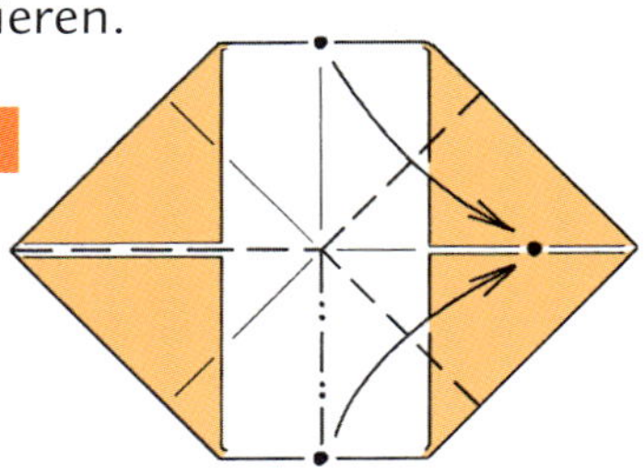

Die Mittelpunkte der beiden Querkanten schräg nach rechts auf die lange Mittellinie legen und talfalten. Es entsteht automatisch eine große Spitze, die nach unten geklappt werden muss.

7

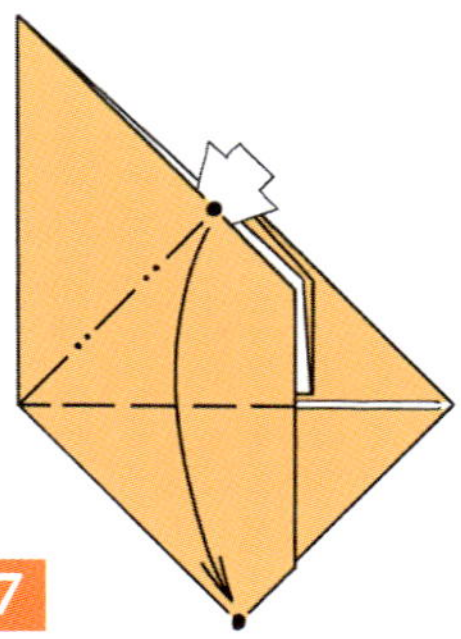

Mit dem Finger die nach unten geklappte Spitze öffnen und die obere Schicht nach oben talfalten, sodass die Orientierungspunkte übereinander zu liegen kommen. Die gezeichnete Bergfalte (schon vorhandene Linie) entsteht automatisch. Figur flach drücken.

8

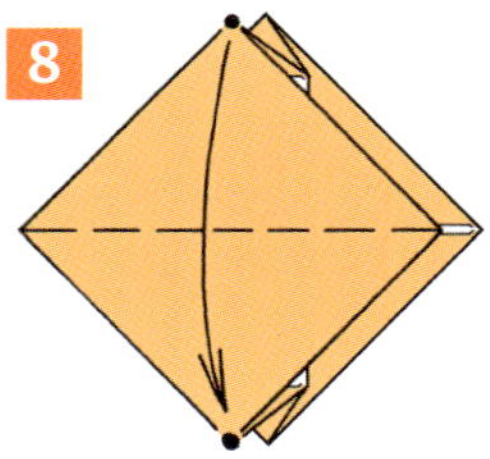

Beide Klappen der oberen Hälfte über Talfalte nach unten klappen.

9

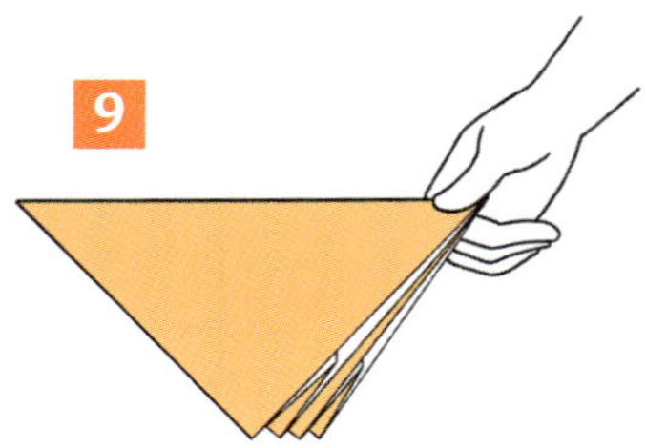

Dreieckfigur an der Spitze, an der die Klappen nicht zusammenhängen, in die Hand nehmen und in die Luft schlagen.

Das brauchst du

- **ein- oder zweifarbiges, nicht zu dünnes DIN-A3-Blatt (80 g/qm)**
- **eventuell Klebestreifen**

Ob Wasserkocher, Zauberband, geheimnisvolle Mühle oder ein Zettel, durch den sogar Riesen steigen können – du wirst erstaunt sein, was ein Stück Papier, mit ein paar Faltungen in die richtige Form gebracht, alles leisten kann.

Durch das Blatt

Du fragst dein Publikum: »Wetten, dass ich durch ein Loch in diesem kleinen Papierzettel steigen kann?« Niemand wird dir glauben, aber alle werden neugierig auf deine Lösung sein. Die Leute werden sich wundern, dass sogar der allergrößte und dickste von ihnen durch dein Papierloch passt.

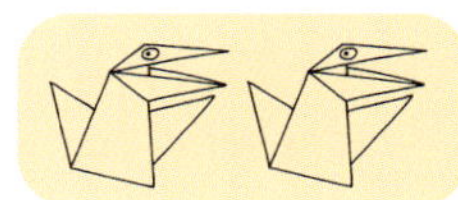

1

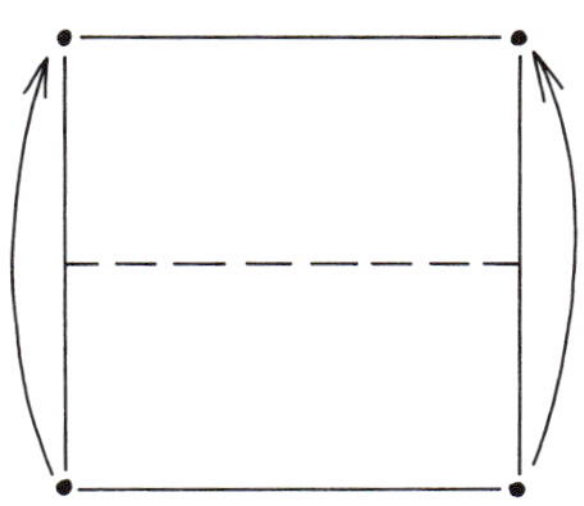

Das Quadrat mit Talfalte nach oben halbieren.

2

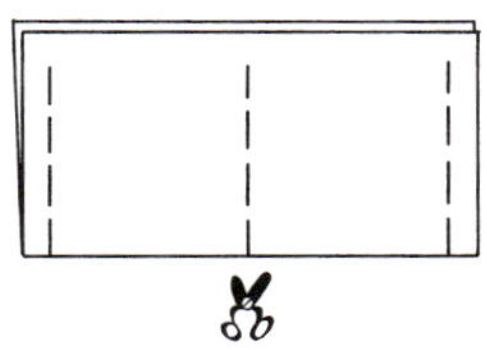

3

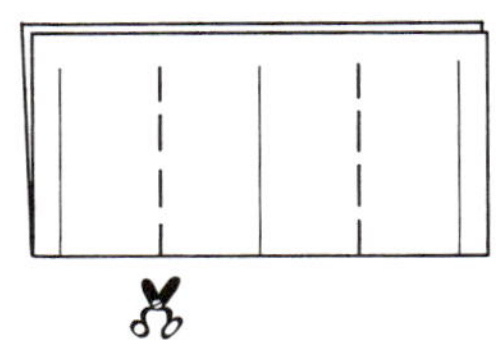

4

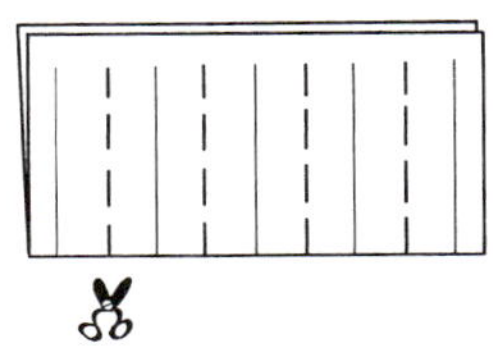

An der geschlossenen unteren Kante neun gleichmäßige, möglichst lange Einschnitte machen, aber Papier nicht durchschneiden. Das geht ganz einfach: Zuerst je einmal an der linken und der rechten Kante und in der Mitte einschneiden, danach mit zwei Einschnitten diese zwei entstandenen großen Abschnitte halbieren, schließlich die neuen vier Abschnitte noch einmal mit vier weiteren Einschnitten halbieren. Es entstehen acht mittlere Abschnitte, die jeweils doppelt so breit sein sollten wie die beiden Abschnitte am Rand.

Das brauchst du

- ein- oder zweifarbiges Papier, 10 x 10 cm groß
- Schere mit abgerundeter Spitze
- eventuell Bleistift
- Publikum

5

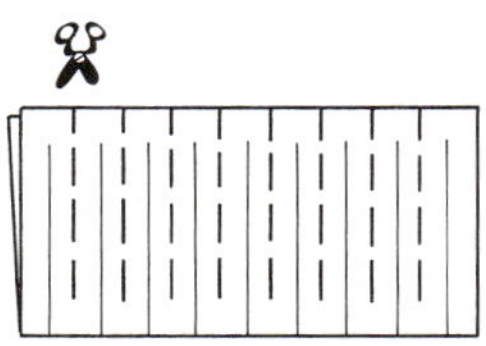

Beide Schichten der oberen offenen Kante mit acht Einschnitten versehen, deren Länge den unteren Einschnitten entspricht. Schneide immer genau zwischen die neun Einschnitte von unten.

6

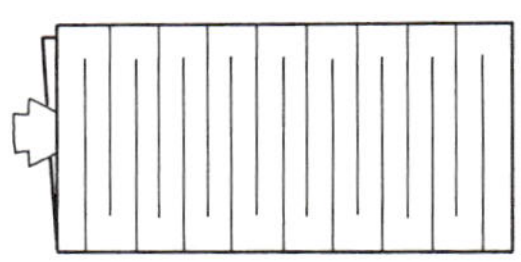

Die beiden Klappen vorsichtig öffnen.

7

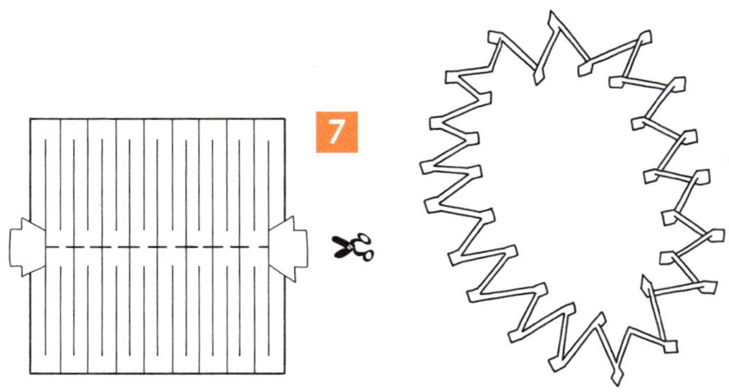

Figur an dem ganz linken und dem ganz rechten Einschnitt mit der Hand ein wenig öffnen und die quer verlaufende Faltlinie, die zwischen diesen äußeren Einschnitten verläuft, durchschneiden. Achte darauf, dass nicht die Ränder mit durchgeschnitten werden! Nun das Ganze langsam und vorsichtig, ohne die Streifen zu zerreißen, öffnen. Es entsteht ein ganz langes Band ohne Ende, also ein riesiges Loch.

Zauberband

Vor dem Publikum musst du die Enden der beiden Papierstreifen der Anleitung gemäß zusammenkleben. Das Publikum darf jedoch nicht sehen, dass du das eine Ende des ersten Streifens halb, das des zweiten ganz herumgedreht hast. Die Zuschauer sollen denken, dass es sich um zwei einfache Papierringe handelt.

Dann beginnst du deine Rede: »Eure Augen können alles sehen, aber nicht alles verstehen« und stellst zu dem ersten Ring die Frage: »Was bekommen wir, wenn wir an der Linie dieses Zauberbandes entlang schneiden?« Die anderen antworten normalerweise: »Zwei Bänder.« Jetzt schneidest du den Ring entlang der Linie durch und sagst: »Falsch! Nach dem Schnitt entsteht ein doppellanges Band.« Bei dem zweiten Band stellst du die gleiche Frage. Die Antworten sind oft ganz verzweifelt. Dann zeigst du das Ergebnis: »Wir erhalten zwei Bänder, die jedoch ineinander verschlungen sind.«

Das brauchst du

- 2 Blätter einfarbiges Papier, je 30 x 2 cm groß
- Stift
- Schere mit abgerundeter Spitze
- Kleber
- ein schlaues Publikum

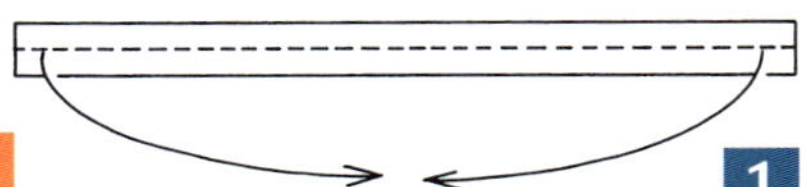

1 1

Auf beide Seiten eines langen Papierstreifens jeweils in der Mitte eine Linie malen. Enden zusammenbiegen.

2

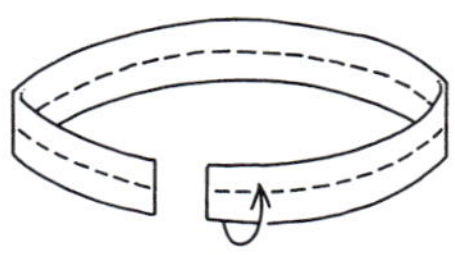

Das eine Ende halb herumdrehen (nicht ganz umdrehen!).

3

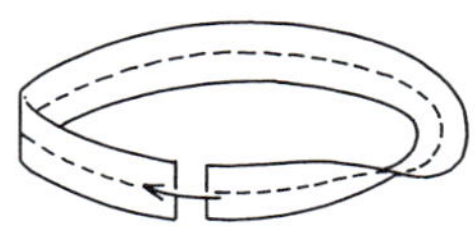

Enden zusammenkleben.

4

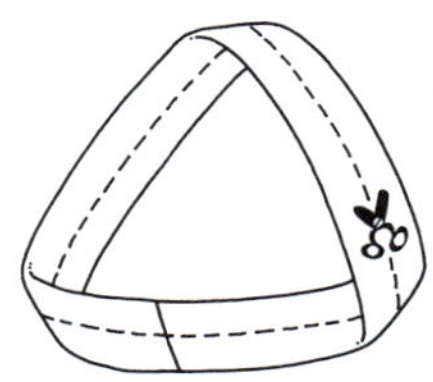

Die gezeichnete Mittellinie durchschneiden. Was kommt dabei heraus?

5

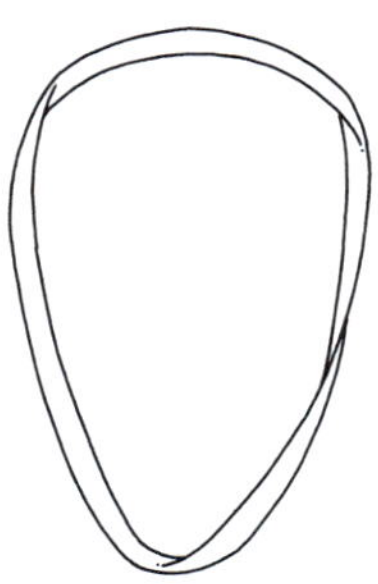

Anstelle zweier Bänder entsteht ein einziges Band, aber von doppelter Länge.

2

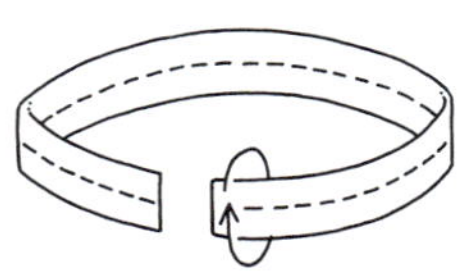

Das eine Ende ganz herumdrehen (nicht halb!) und Enden wie in Schritt 3 zusammenkleben.

3

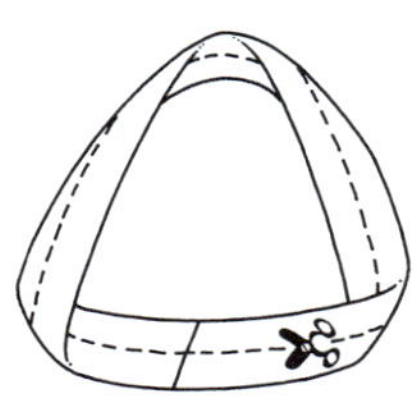

Die gezeichnete Mittellinie durchschneiden. Was kommt dabei heraus?

4

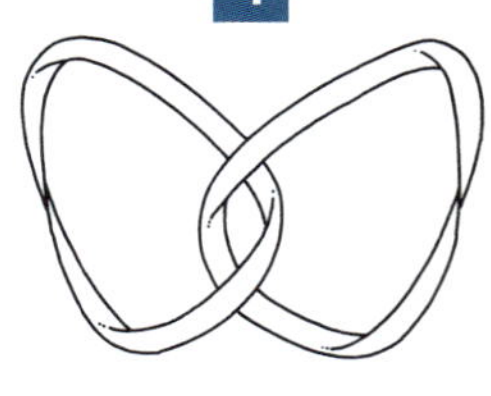

Anstelle des doppelt langen Bandes entstehen zwei ineinander verschlungene Bänder.

Schlupffigur

Dieses interessante Papierspielzeug fordert die Vorstellungskraft heraus. Was kann man auf die Spitze zeichnen? Die Zeichnung muss vom restlichen Papiermotiv abtrennbar sein. Vielleicht entscheidest du dich für einen Hasen, der aus dem Zauberhut herausschaut? Oder für ein Fernrohr über dem U-Boot oder für einen Affen auf dem obersten Ast der Palme?

Das brauchst du

- ein- oder zweifarbiges Papier, 20 x 20 cm groß
- Stifte
- Schere mit abgerundeter Spitze
- Publikum

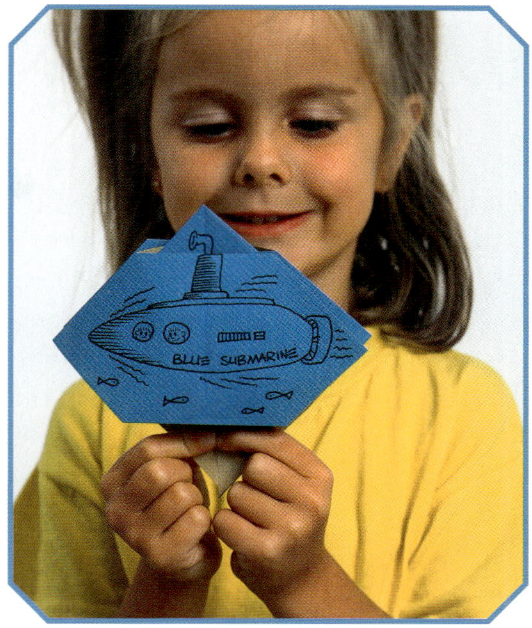

1

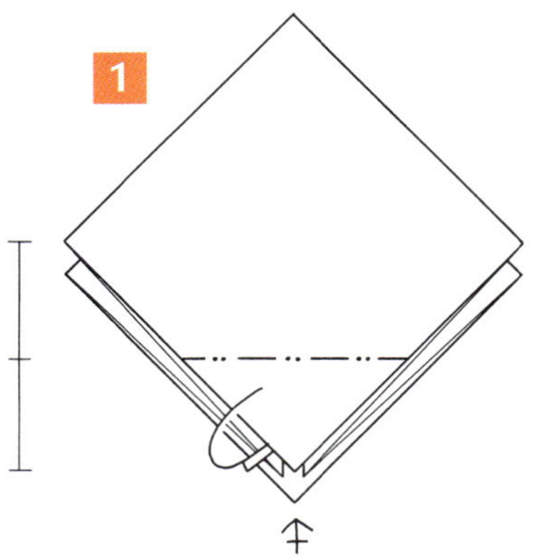

Zuerst Grundform A anfertigen (siehe Seite 12). Die offene Ecke muss nach unten schauen. Die beiden Ecken der äußeren Schichten nach innen falten. Die Spitzen sollen innen ungefähr bis zum Mittelpunkt der Figur gefaltet werden.

2

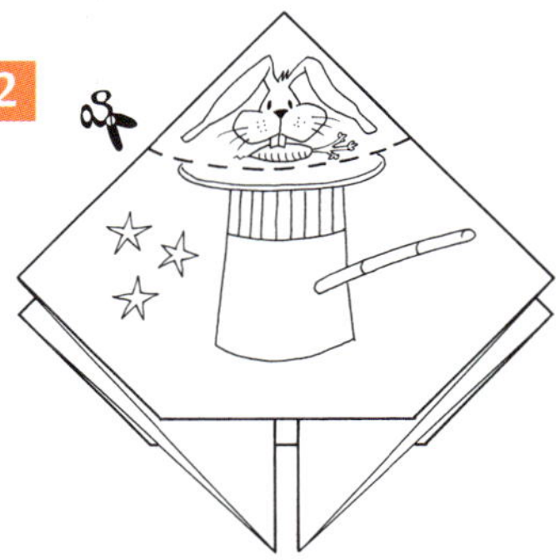

Auf die Vorderseite der Figur ein Bild malen, dessen obere Spitze vom Rest trennbar ist, und Spitze abschneiden.

3 4

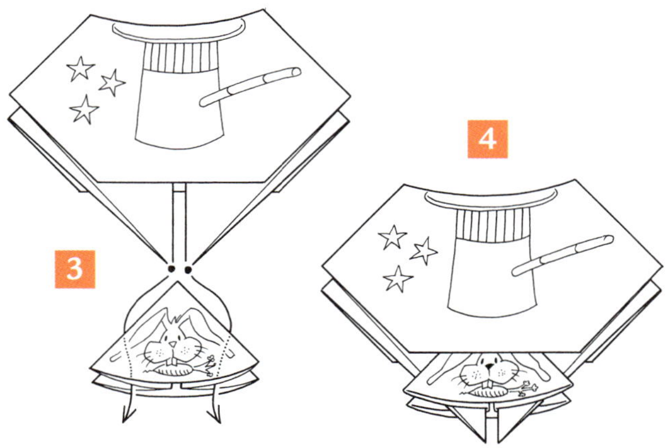

Die abgeschnittene Spitze auf die unten aus der Figur herausstehenden »Schienen« schieben und sie unter der oberen Schicht verstecken.

5 6 7

Wie beim Kühemelken abwechselnd an den Schienen ziehen, die Schienen dabei etwas übereinander halten. Allmählich rutscht die versteckte Spitze nach oben und erscheint plötzlich in der Rundung oben im Loch, sodass dein Bild wieder vollständig ist.

Wasserbombe

Die Wasserbombe ist ein sehr altes Origami-Spielzeug. Nach dem Falten musst du mit Hilfe eines Trichters (Papierkegel) und einer Kanne in das Wasserbombenloch auf der Oberseite Wasser gießen. Dann lässt du die Bombe vom Balkon aus auf das Opfer fallen. Oder du ziehst deine Badehose an und veranstaltest auf der Sommerwiese eine Wasserschlacht mit deinen Freunden. Wirf die Bombe nicht mit zu viel Schwung. Sie ist sehr empfindlich und könnte frühzeitig in deiner Hand »explodieren«.

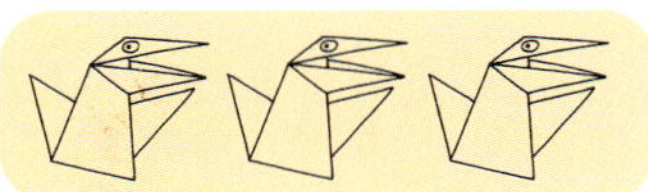

Das brauchst du

- einfarbiges Papier, 30 x 30 cm groß
- Trichter
- Wasserkanne
- Badehose
- Mitspieler, die nass werden wollen

1

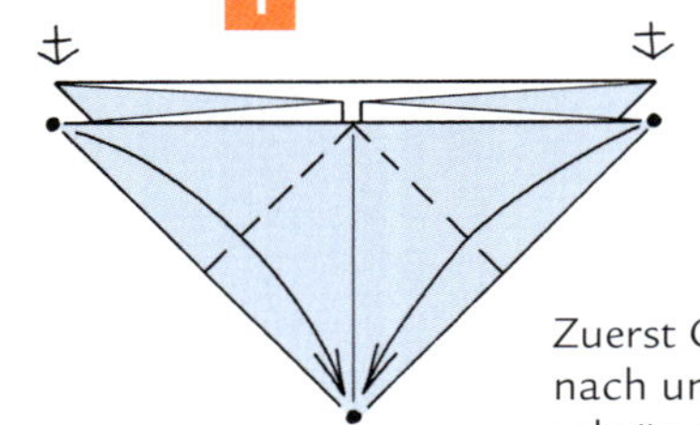

Zuerst Grundform B anfertigen (siehe Seite 13). Die Spitze muss nach unten zeigen. Die beiden seitlichen Spitzen der Vorderseite schräg nach unten auf den unteren Eckpunkt talfalten. Danach Figur umdrehen und Schritt auf der Rückseite wiederholen.

2

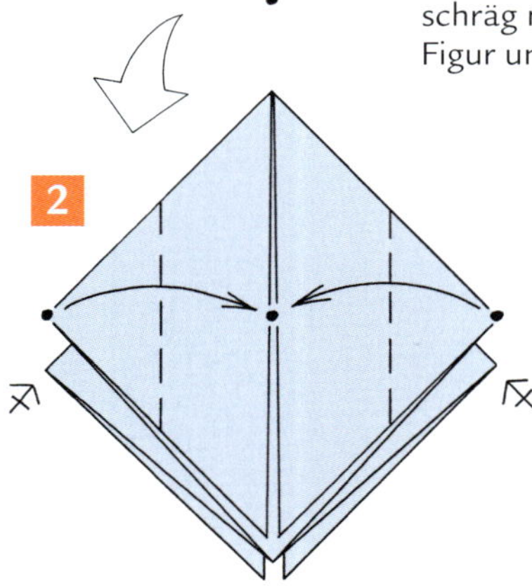

Die zwei neuen seitlichen Ecken der Vorderseite auf den Mittelpunkt talfalten. Danach Figur umdrehen und Schritt auf der Rückseite wiederholen.

3

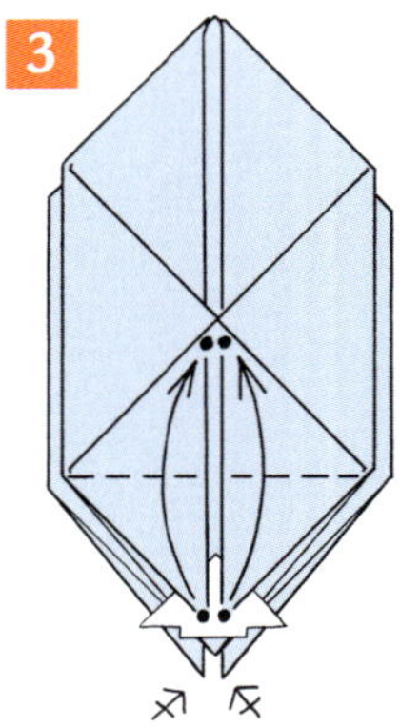

Die zwei neuen unteren Spitzen der Vorderseite auf den Mittelpunkt talfalten. Danach Figur umdrehen und Schritt auf der Rückseite wiederholen.

4

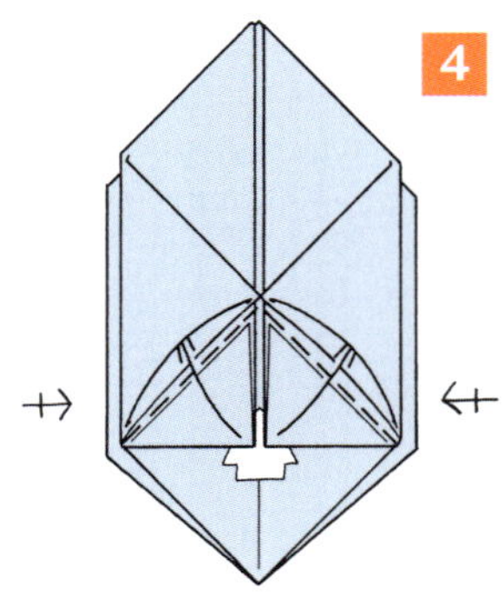

Die soeben gefalteten vier Spitzen noch einmal nach oben talfalten und sie in die darüber liegenden »Taschen« stecken.

5

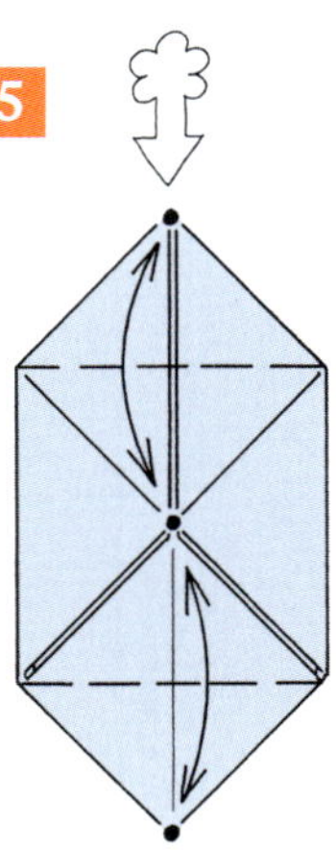

Die obere und die untere Spitze der Figur talfalten und wieder entfalten. In der oberen Spitze gibt es ein Loch. Wenn du durch dieses Loch Luft in die Figur bläst und mit den Fingern etwas nachhilfst, entsteht ein Würfel.

6

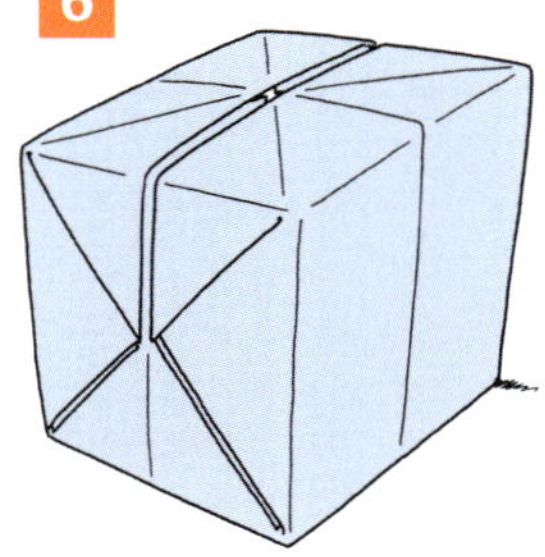

Geheimnisvolle Mühle

Papier ist ein sehr empfindliches Material. In kalter Luft wird es feucht, und wenn es warm wird, kann es sich sogar ein paar Millimeter ausdehnen. Bei diesem Spielzeug spielt das Papier mit der Wärme deiner Hand. Da warme Luft nach oben steigt, verursacht deine wärmende Hand einen nach oben gerichteten warmen Luftstrom, und dieses physikalische Phänomen ist die Ursache dafür, dass sich deine Papiermühle dreht. Es ist das gleiche Prinzip wie bei den Weihnachtspyramiden aus dem Erzgebirge, deren Flügel mit Hilfe brennender Kerzen zum Drehen gebracht werden.

Die Hand, die den Stift hält, nicht zu weit entfernt vom Seidenpapier halten, damit die Wärme nicht vorbeigeht. Gerade für Kinder, die mit Fieber im Bett liegen, ist dies eine ideale Unterhaltung.

Das brauchst du

- **farbiges Seidenpapier, 8 x 8 cm groß**
- **Stift**
- **Schere mit abgerundeter Spitze**
- **Publikum**

1

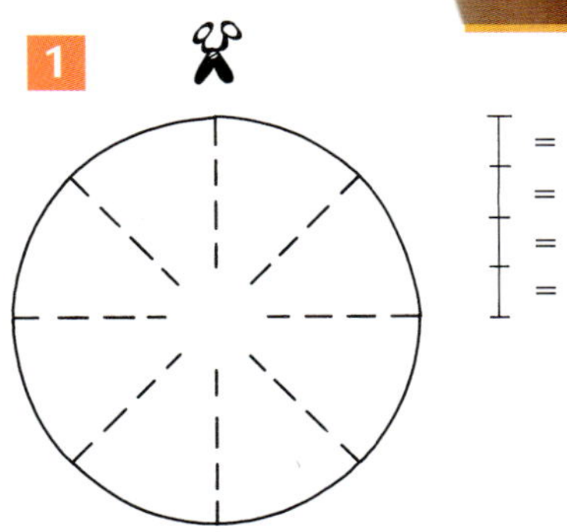

Kreis in acht gleich große Teile teilen: zuerst wie eine Uhr vierteln und danach diese Viertel noch einmal halbieren. Diese Achtel dürfen nicht gefaltet, sondern müssen abgemessen und gezeichnet werden. Die acht Markierungen entlang den Durchmessern um drei Viertel des Radius einschneiden.

2

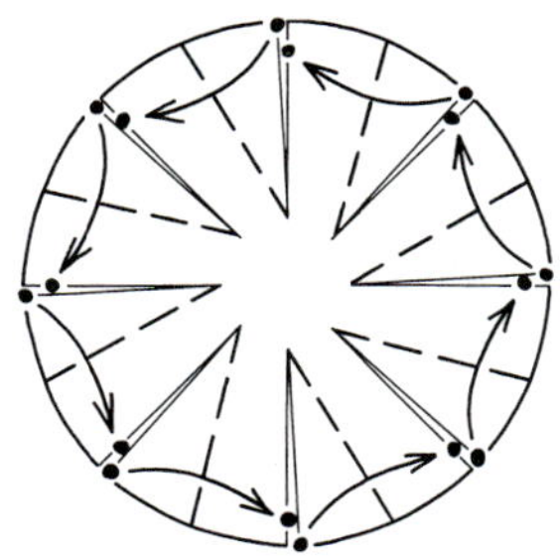

Die auf dem Bild markierten Punkte auf den jeweils nächsten legen und die Klappen immer in die gleiche Richtung talfalten (insgesamt acht Talfalten). Achte darauf, dass die Talfalten genau zum Ende des jeweiligen Einschnitts führen.

3

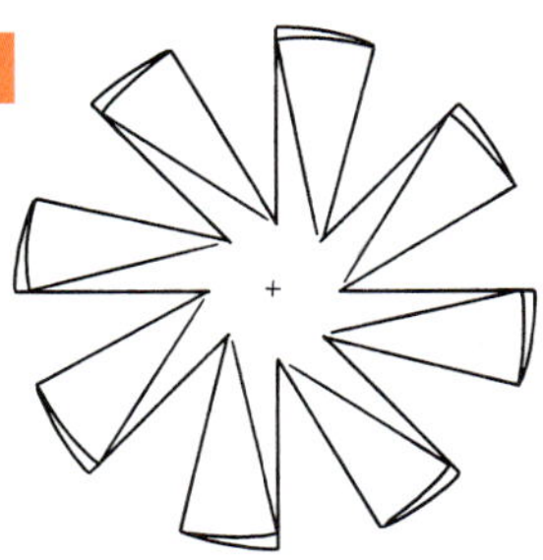

Mit einem Stift in die Kreismitte eine kleine Delle drücken. Aber kein Loch stechen! Danach Klappen senkrecht öffnen und Figur umdrehen.

4

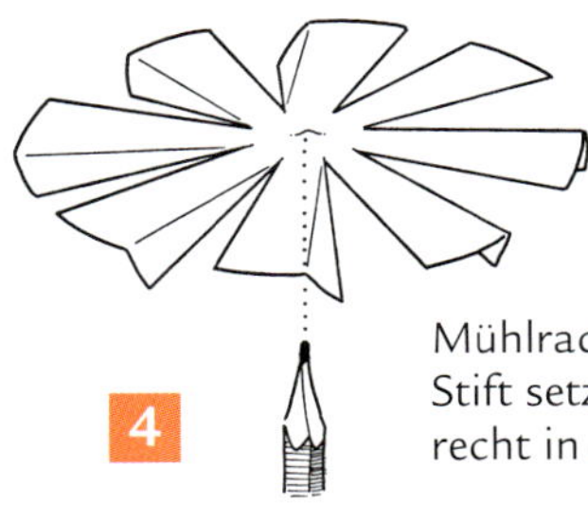

Mühlrad an der Delle auf den Stift setzen und diesen senkrecht in der Hand festhalten.

Wassergefäß

Jeder weiß, dass Wasser und Feuer ein Blatt Papier schnell zerstören. Aber Papier kann gegen Feuer und Wasser auch beständig sein.

Nach dem Falten mit einem Trichter (Papierkegel) und einer Kanne Wasser in das Loch des Gefäßes gießen und dieses zur Hälfte füllen. Figur an den Henkeln festhalten und über eine Kerzenflamme halten, bis das Wasser kocht. Entgegen allen Voraussagen wird das Gefäß nicht verbrennen, denn das Wasser im Inneren erlaubt es nicht.

Das brauchst du

- **einfarbiges Papier, 30 x 30 cm groß**
- **Trichter**
- **Wasser**
- **Publikum**

1

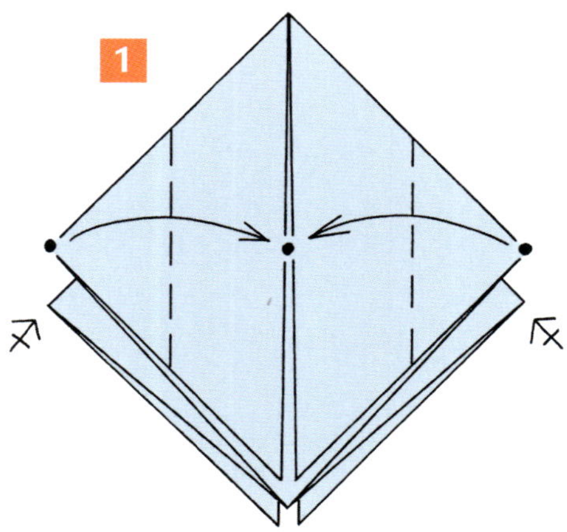

2

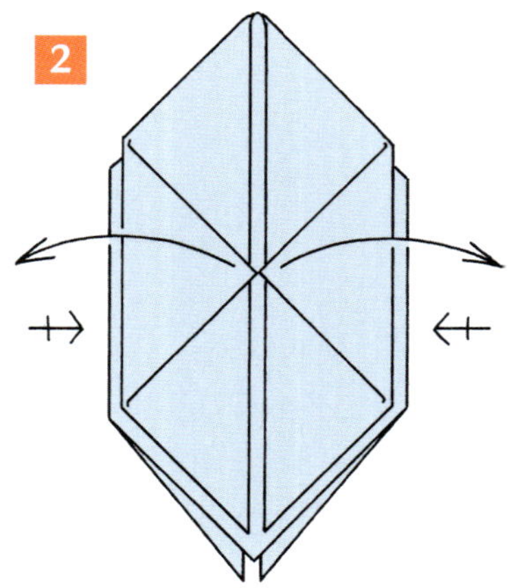

Zuerst Schritt 1 der Wasserbombe nacharbeiten (siehe Seite 48). Die zwei seitlichen Ecken der Vorderseite auf den Mittelpunkt talfalten. Danach Figur umdrehen und auf der Rückseite ebenso verfahren. Alle vier Klappen wieder entfalten.

3

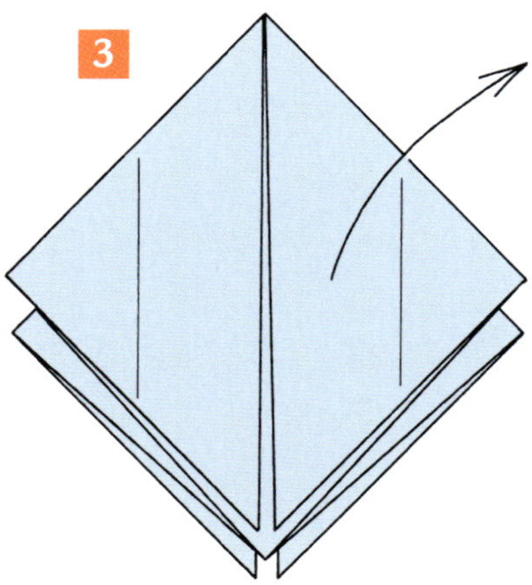

4

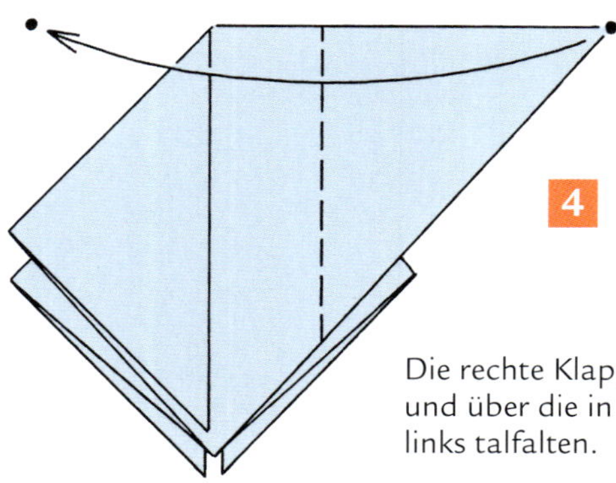

Die rechte Klappe auf der Vorderseite entfalten und über die in Schritt 1 gefaltete Linie nach links talfalten.

5

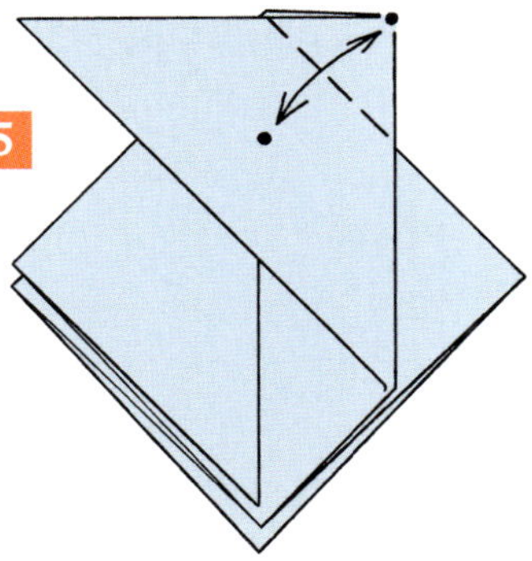

Die Ecke ganz oben rechts schräg nach unten talfalten und wieder entfalten.

6

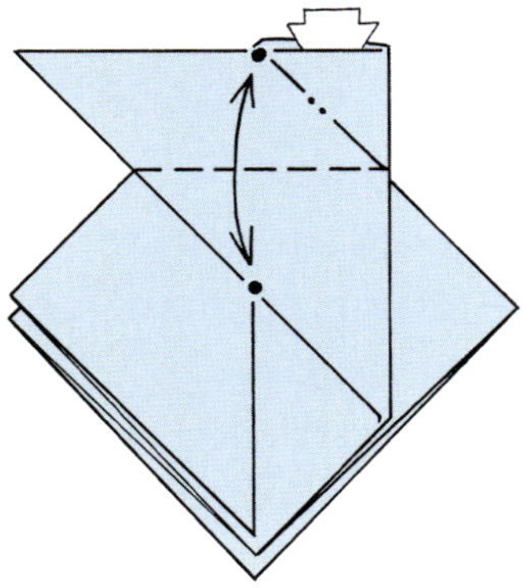

Die Faltung oben leicht öffnen und die obere Klappe über die quer verlaufende Tallinie nach unten zur Figurmitte talfalten. Fast automatisch wird aus der schrägen Talfalte von Schritt 5 eine Bergfalte.

7

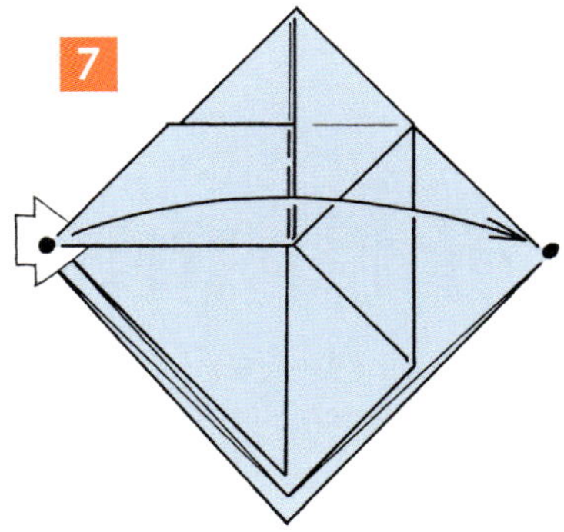

Die entstandene Klappe nach rechts falten.

8

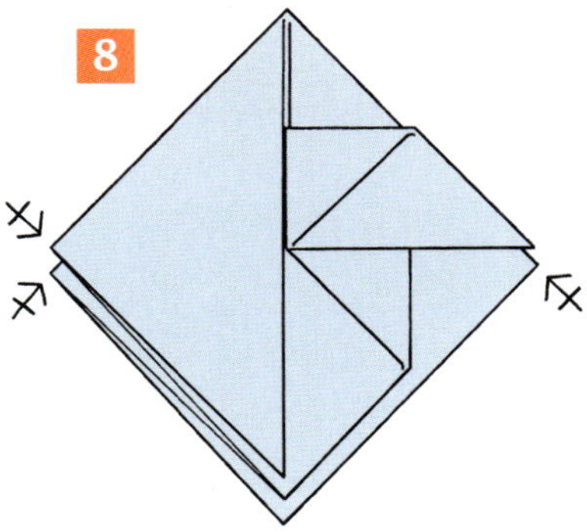

Schritte 3 bis 7 an den anderen gefalteten Spitzen wiederholen.

9

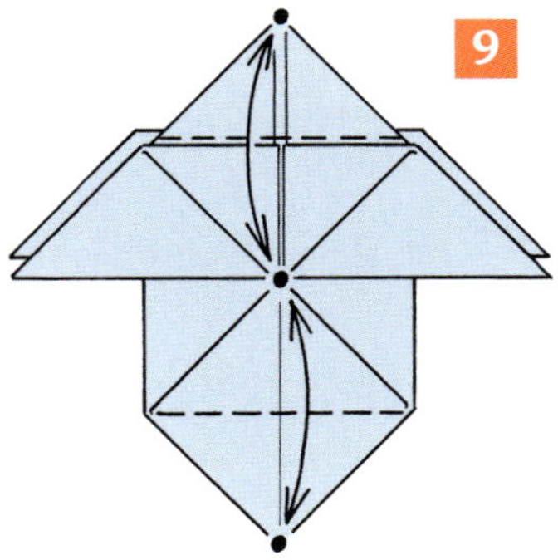

Die obere und die untere Spitze der Figur talfalten und wieder entfalten. Figur in die Hand nehmen und die vier Flügel senkrecht aufstellen.

10

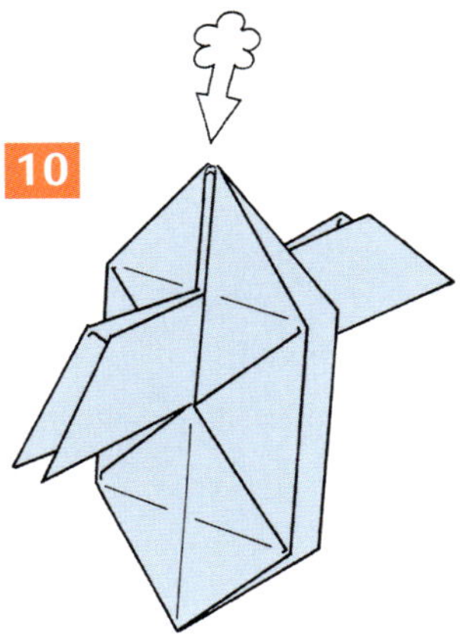

In der oberen Spitze gibt es ein Loch. Wenn du durch dieses Loch Luft in die Figur bläst und mit den Fingern etwas an den Flügeln ziehst, entsteht ein Würfel mit Henkeln.

11

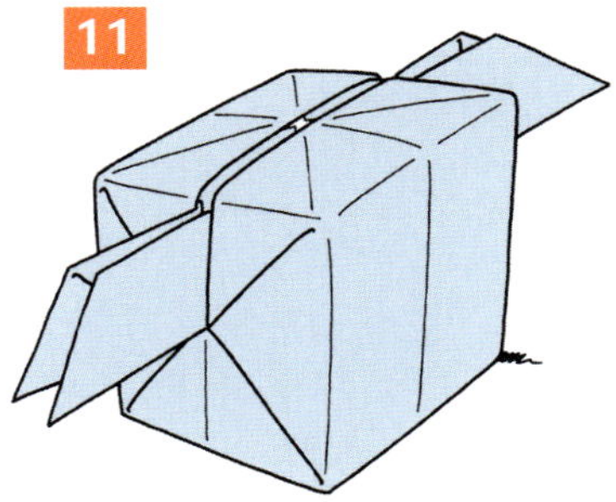

Wichtiger Hinweis

Bei diesem Experiment ist die Anwesenheit eines Erwachsenen erforderlich. Nicht erschrecken, wenn an der Unterseite der Figur schwarze Brandflecken zu sehen sind, denn das Gefäß kann nicht anbrennen. Auch wird es an der Unterseite etwas tropfen, ohne dass ein Loch entsteht.

Hereinspaziert in die Arena der Schnellhüpfer, Weitspringer, Flattermänner & Co.! Mit den hier vorgestellten Bastelarbeiten kannst du wunderbar Wettbewerbe zusammen mit deinen Freunden veranstalten und deine Zuschauer in Erstaunen versetzen.

Himmel und Hölle

Dieses Origami-Spielzeug verdankt seinen Ruhm nicht nur einer lustigen Fingerbewegung, sondern auch dem ewigen Wunsch der Menschen, etwas über ihre Zukunft zu erfahren. Mit der seriösen Haltung einer Wahrsagerin klappst du mit Daumen und Zeigefingern die Papierfigur abwechselnd in beide Richtungen so oft auf und zu, wie es von der anderen Person gefordert wird.

Die Bewegungen sollten allerdings auf 100 begrenzt werden, denn es kann wirklich die wahre Hölle sein, wenn jemand 6.478 Klappvorgänge wünscht. Nach der letzten Bewegung soll der Zuschauer eine der vier sichtbaren Zahlen auswählen. Mit einem vielsagenden Blick öffnest du die Klappe genau an dieser Stelle und zeigst dem anderen, welches Schicksal ihn erwartet (Glück, Spaß, Freude usw.). Die acht Symbole dieser Schicksalsrichtungen hast du genauso wie die Nummern der acht Klappen vorher aufgemalt.

Das brauchst du

- **ein- oder zweifarbiges Papier, 15 x 15 cm groß**
- **Stifte**
- **Publikum**

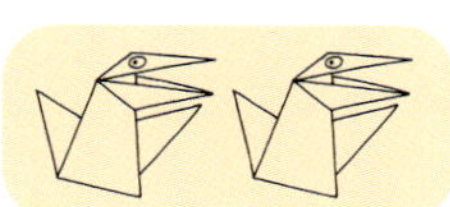

1

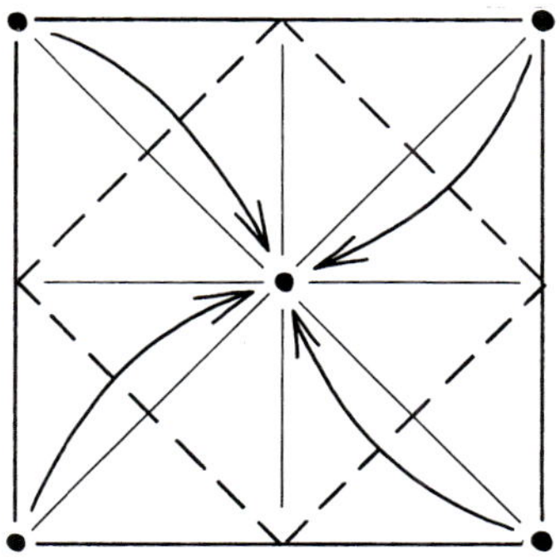

2

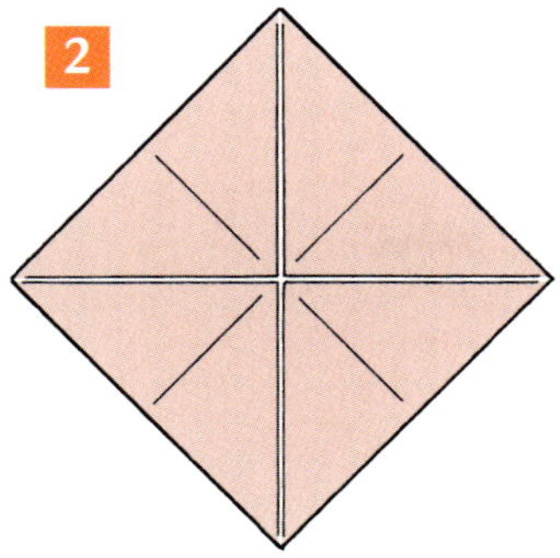

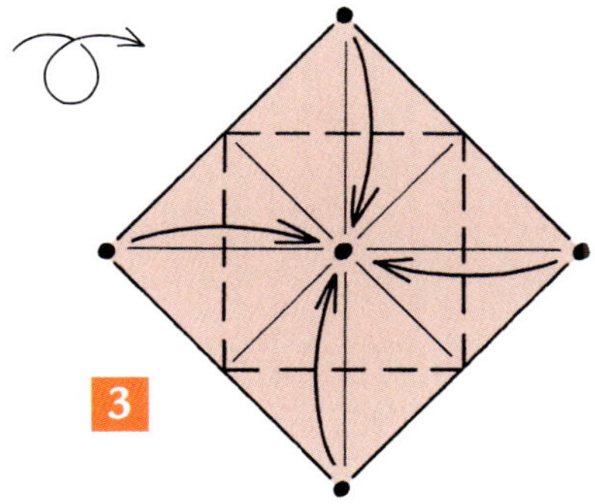

3

Beide Kreuzlinien und Diagonalen falten und entfalten. Die vier Ecken auf den Mittelpunkt legen und talfalten. Figur umdrehen.

Die vier neuen Ecken auf den Mittelpunkt legen und talfalten.

4

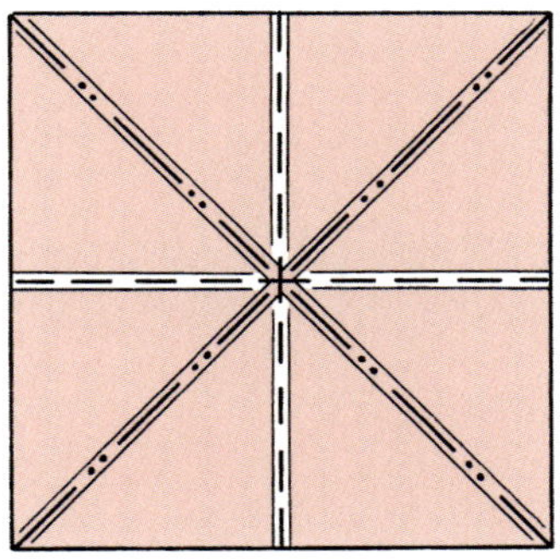

Auf den Kreuzlinien Talfalten markieren, auf den Diagonallinien Bergfalten.

5

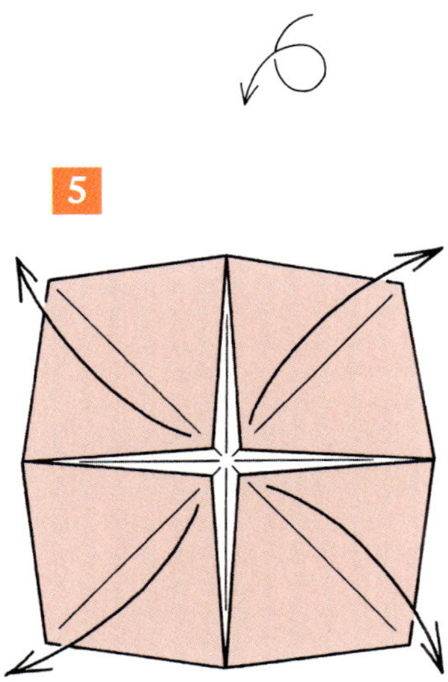

6a

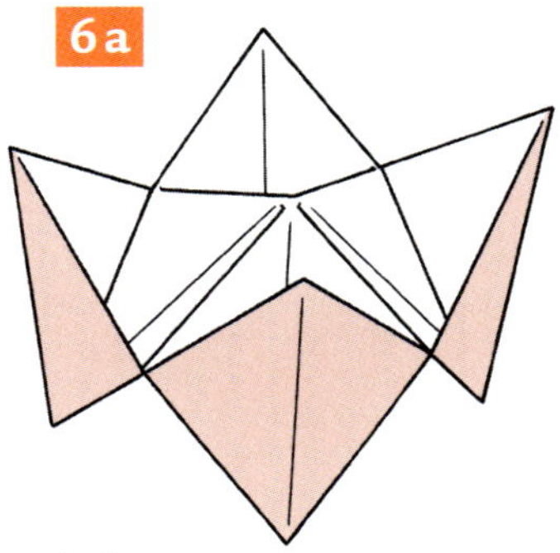

6b

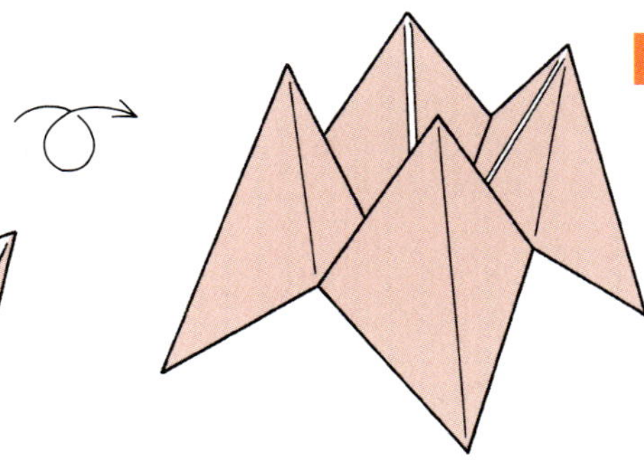

Die vier Außenklappen öffnen und Figur umdrehen.

Drehskop

Du wirst staunen, was dieses Spielzeug zusammen mit ein wenig Wind fertig bringt ... Lass den Ring einfach auf der Straße stehen und warte, bis ein Lüftchen kommt. Er wird sich ganz gerade drehen wie ein Rad. Du kannst auch einen Wettbewerb mit deinen Freunden veranstalten. Gewinner ist, dessen Rad den längsten Weg zurücklegt. Die geschnittenen Spitzen senkrecht falten und auf keinen Fall kräuseln.

Das brauchst du

- **etwas dickeres ein- oder zweifarbiges Papier, 10 x 10 cm groß**
- **Zeichendreiecke**
- **Cutter**
- **Wind**

1

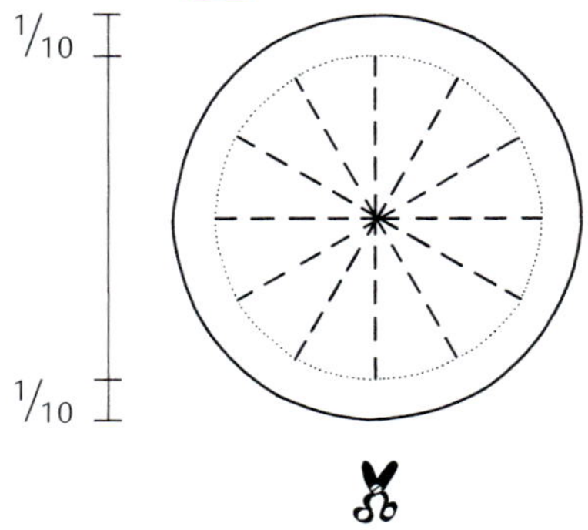

In einen Kreis vom Mittelpunkt aus zwölf Linien in gleichmäßigen Abständen einschneiden, wie bei den einzelnen Stunden einer Uhr. Der Kreis darf aber nicht durchgeschnitten werden, sondern es muss ein Außenrand von ungefähr einem Zehntel des Durchmessers bleiben. Die zwölf Abschnitte kannst du mit Hilfe zweier Zeichendreiecke abmessen. Die Einschnitte an den Kreuzlinien bilden jeweils einen Winkel von 90 Grad, die anderen 30-Grad-Winkel.

2

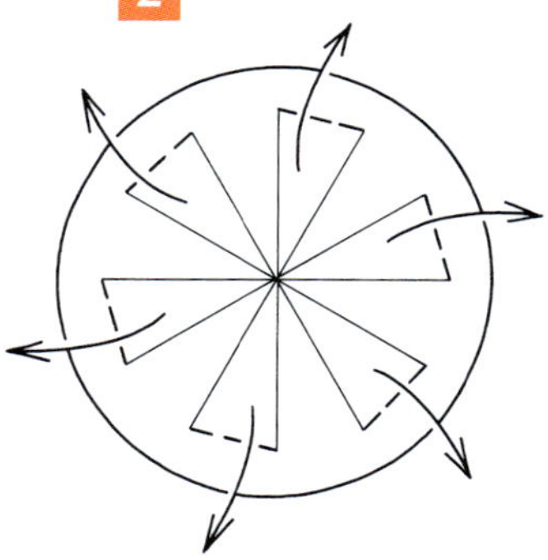

Die zwölf Klappen abwechselnd tal- und bergfalten. Es werden also sechs nach vorne und sechs nach hinten gefaltet.

3

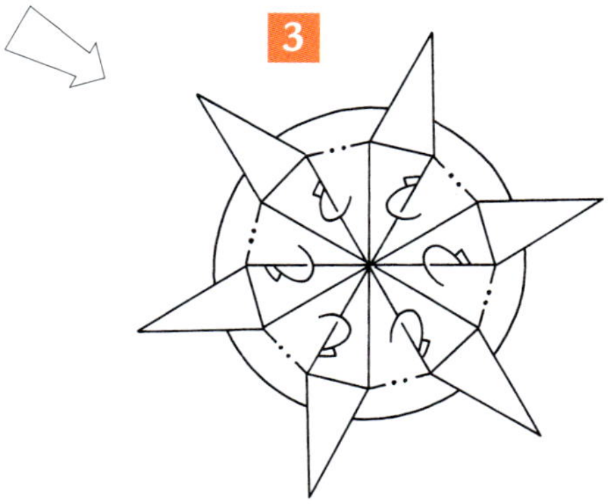

4

5

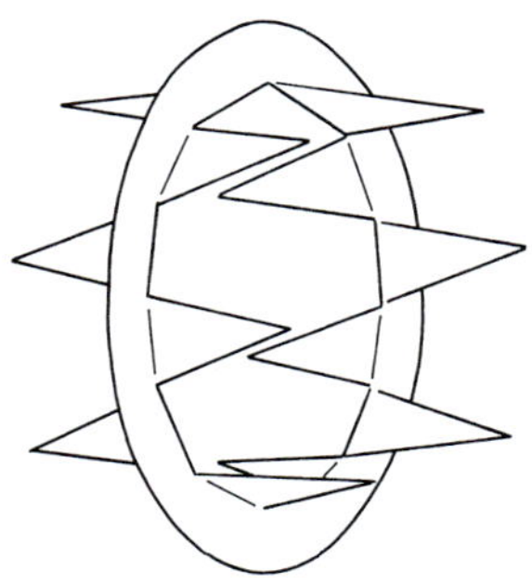

Anschließend alle Klappen senkrecht aufstellen.

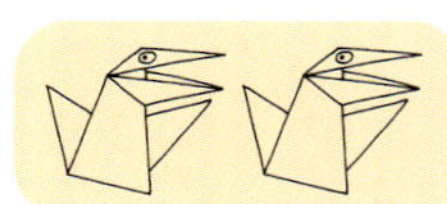

Tipp für Erwachsene

Anstelle einer Schere mit abgerundeter Spitze empfiehlt sich diesmal ein Cutter zum Schneiden.

Schmetterling

Schmetterlinge sind in Japan sehr beliebt, weil sie Glück bringen sollen. Deshalb falten Kinder und Erwachsene oft dieses Insekt und beschenken einander damit, vor allem bei Hochzeiten. Mit den Fingern auf die Schmetterlingsfüße drücken (siehe Bild). Dann werden sich die Flügel leicht bewegen. Wenn du deinen Schmetterling gefaltet hast, kannst du die Flügel bemalen.

Das brauchst du

- **einfarbiges Papier, 15 x 15 cm groß**
- **eventuell Farbstifte**

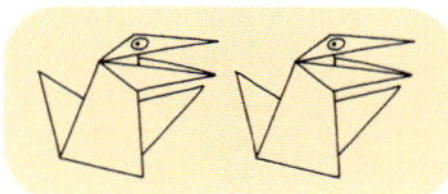

1

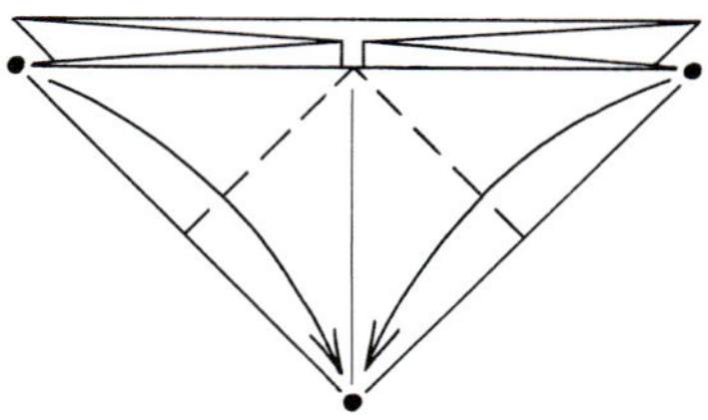

Zuerst Grundform B anfertigen (siehe Seite 13). Die Spitze muss nach unten zeigen. Die beiden seitlichen Spitzen der Vorderseite nach unten auf den unteren Eckpunkt talfalten.

2

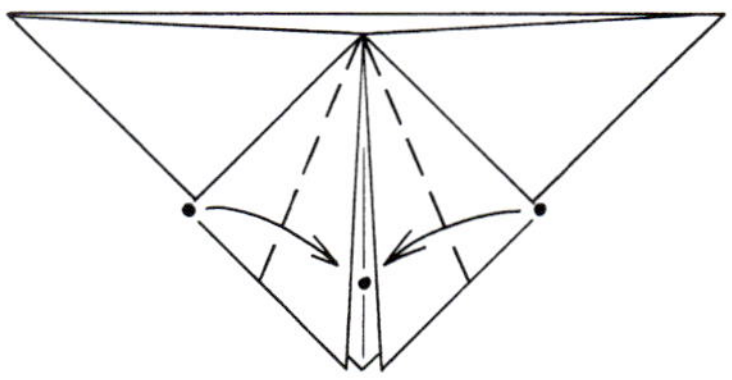

3

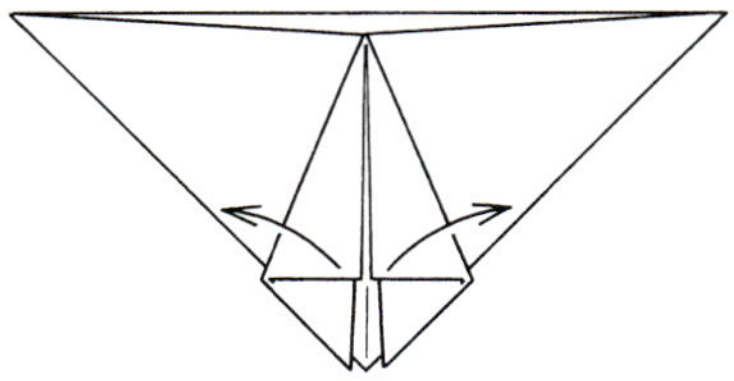

Die oberen Winkel der soeben gefalteten Klappen nach unten mit Talfalte halbieren, sodass die oberen Kanten auf der Mittellinie zu liegen kommen, und wieder entfalten.

4

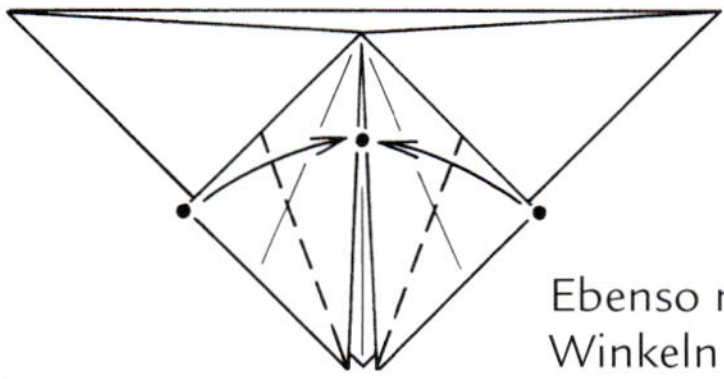

Ebenso mit den unteren Winkeln verfahren.

5

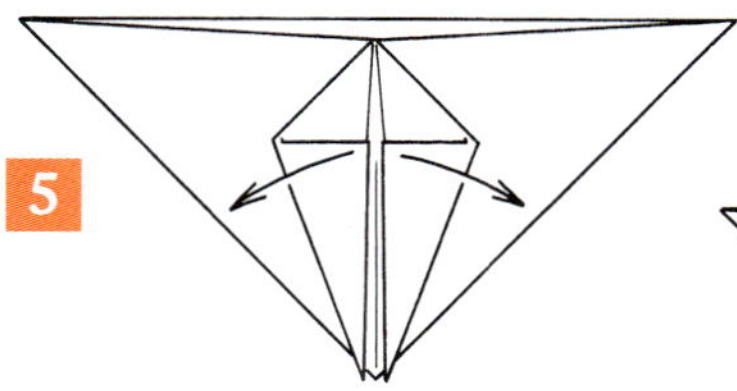

6

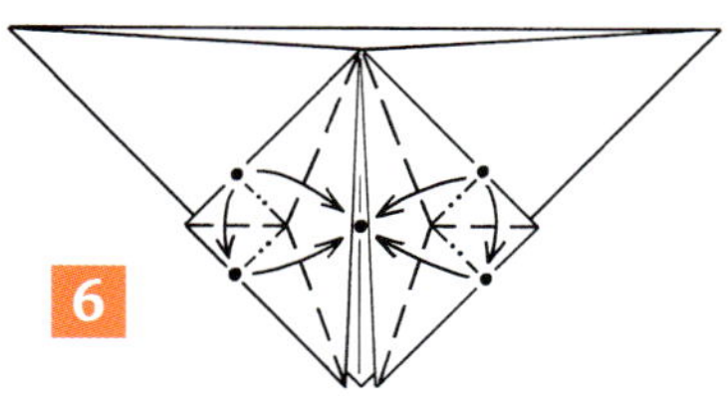

7

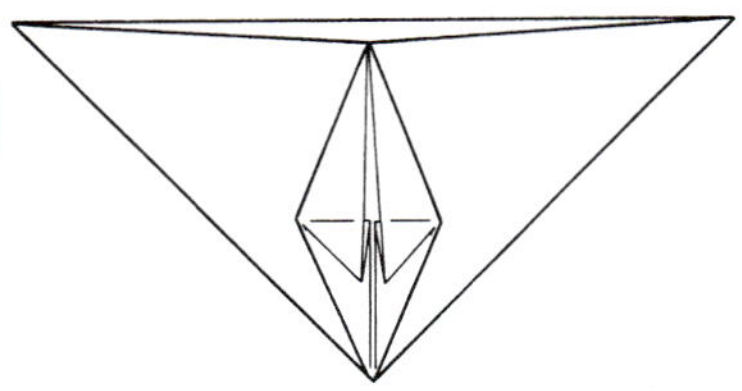

8

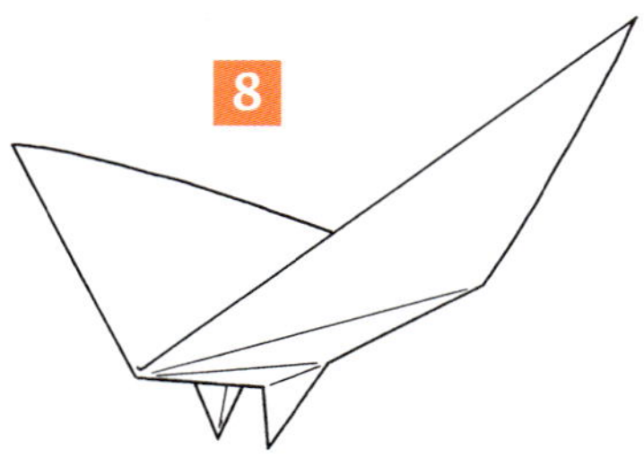

Wenn du nun auf einer der beiden Klappen die jeweiligen Kanten gleichzeitig faltest, entstehen automatisch in der Mitte zwei Bergfalten und eine Talfalte, die eine kleine Spitze nach oben bilden. Auf der anderen Klappe entsteht das Gleiche. Die beiden neu entstandenen Spitzen zuerst nach oben und anschließend nach unten klappen.

Frosch

Froschfiguren gehören zu den ältesten und beliebtesten Origami-Figuren der Welt, aber nicht alle Modelle springen so gut wie dieses. Mit dem Zeigefinger auf die Hinterseite des Frosches drücken und ihn hüpfen lassen. Du kannst mit deinen Freunden einen Wettbewerb veranstalten, bei dem es um die Höhe (z. B. mit Hilfe einer Schranke oder einer Papiermauer), um die Weite (z.B. mit ein, zwei oder drei Sprüngen) oder um die Treffsicherheit (z.B. in einen auf den Fußboden gezeichneten Kreis, in einen Topf oder eine Kiste) geht. Den Frosch brauchst du aber nicht zu küssen, denn er wird sich bestimmt nicht in eine Prinzessin oder einen Prinzen verwandeln.

Das brauchst du

- **einfarbiges, nicht zu dickes Papier, 20 x 20 cm groß**
- **Zeigefinger**
- **eventuell Mitspieler**

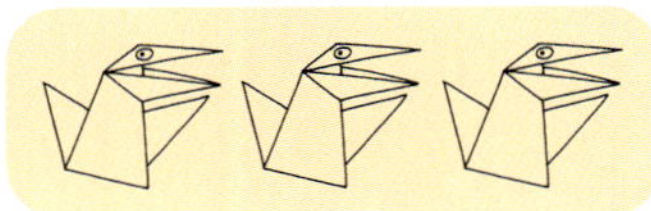

1

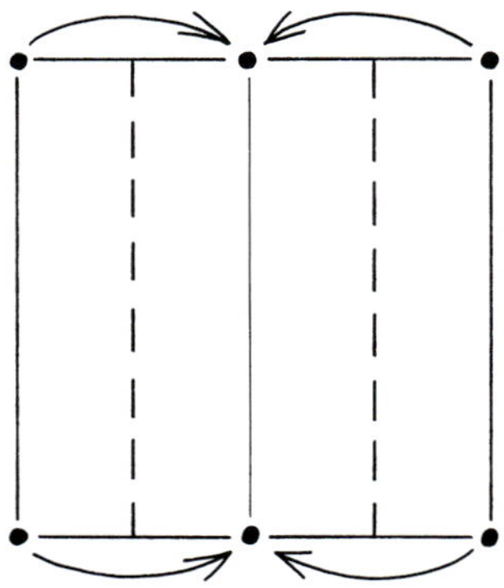

Die seitlichen Kanten auf die Mittellinie legen und talfalten.

2

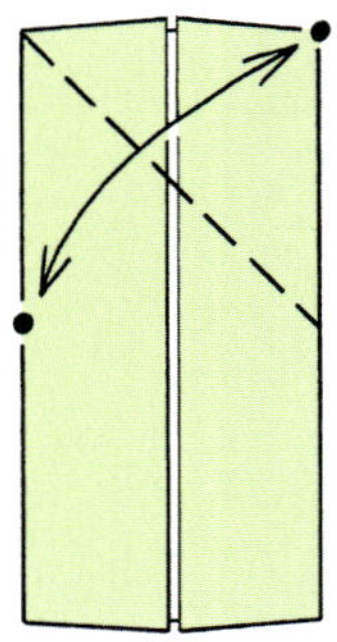

Die obere Kante auf die linke Kante legen, talfalten und wieder entfalten.

3

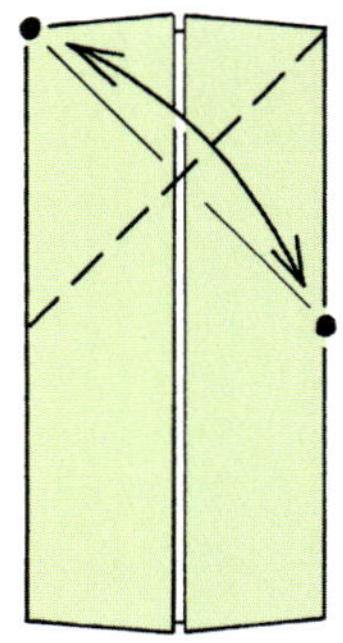

Die gleiche obere Kante auf die rechte Kante legen, talfalten und wieder entfalten.

4

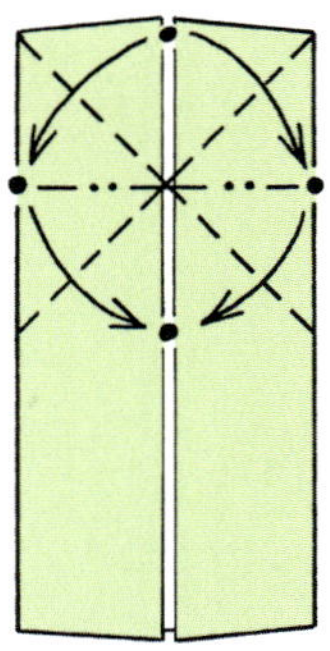

Die Punkte an den Pfeilanfängen wie bei der Grundform B (siehe Seite 13) flach zusammenklappen.

5

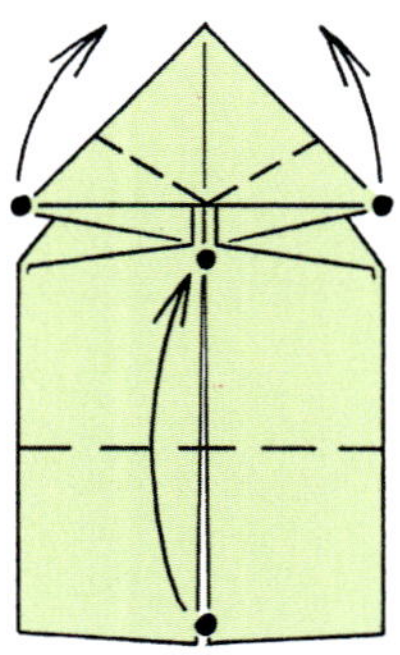

Die untere Klappe mit Talfalte nach oben halbieren und die in Schritt 4 entstandenen seitlichen Spitzen nach oben talfalten.

6

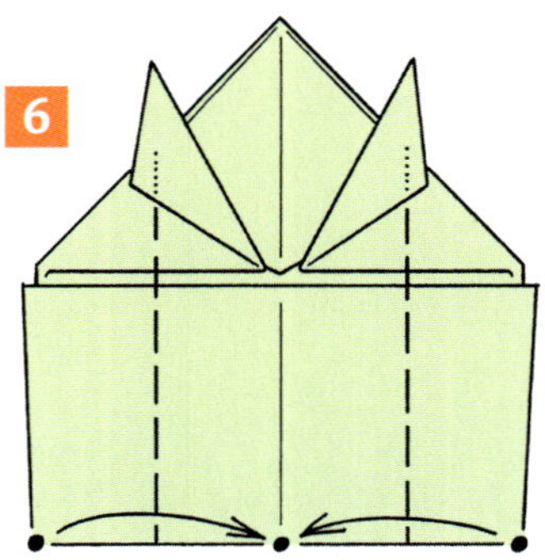

Beide Seitenkanten bis zur Mittellinie talfalten.

7

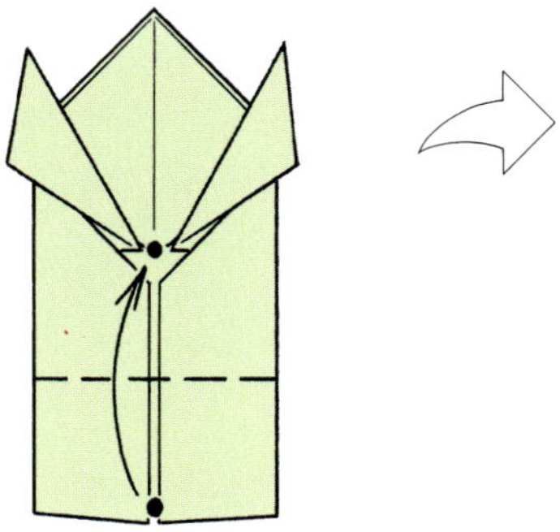

Wieder die untere Klappe mit Talfalte nach oben halbieren.

8

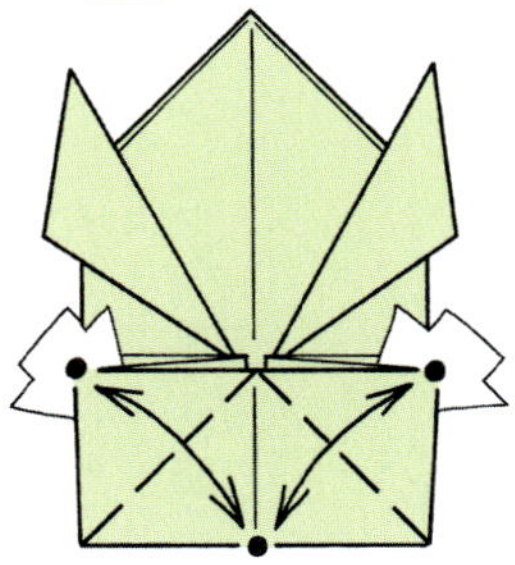

Beide Ecken der neu entstandenen Klappe nach unten talfalten und wieder entfalten.

9

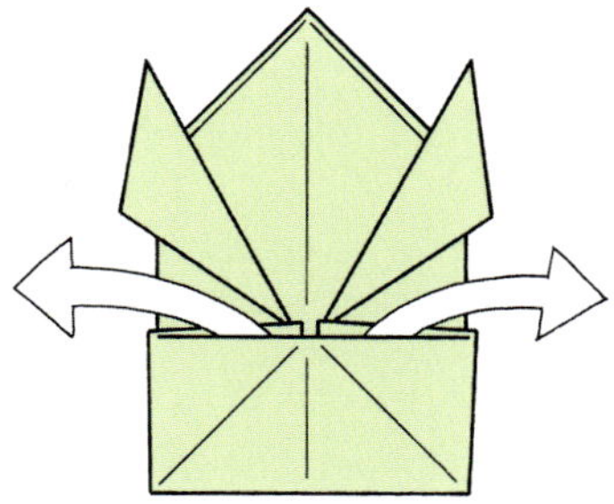

Die hinteren Schichten der Klappe an den Ecken in der Mitte zu den Seiten herausziehen.

10

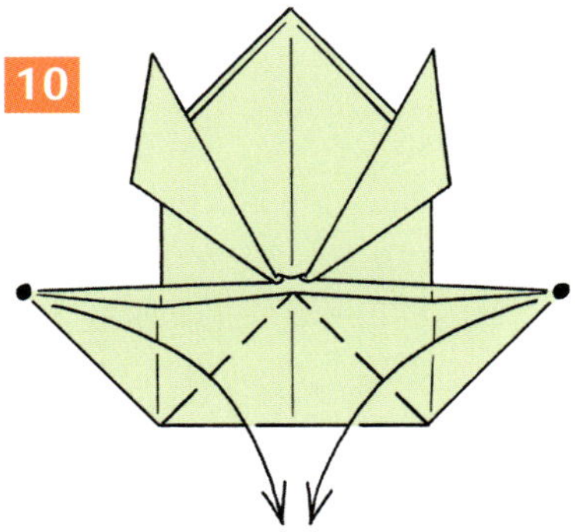

Die neu entstandenen seitlichen Spitzen schräg nach unten talfalten.

11

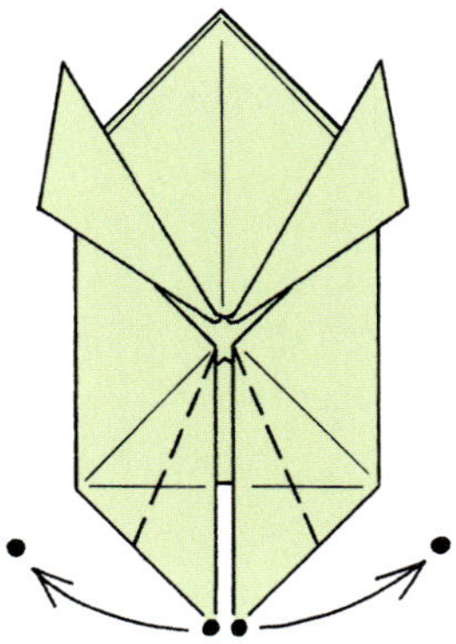

Jeweils den oberen Winkel der nach unten überstehenden Spitzen mit Talfalte halbieren.

12

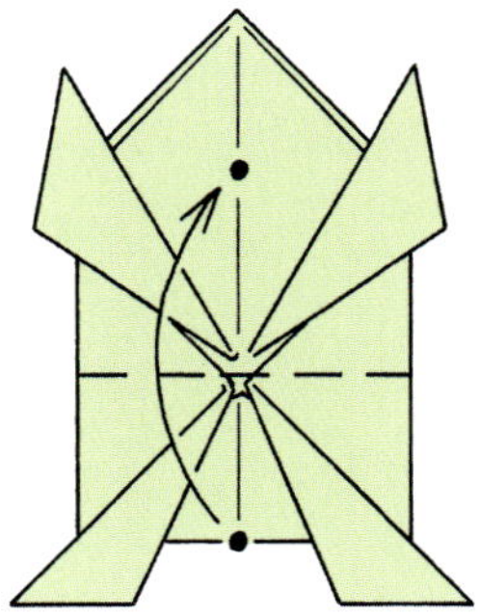

Das unter den vier Froschschenkeln sichtbare Quadrat mit Talfalte nach oben halbieren.

13

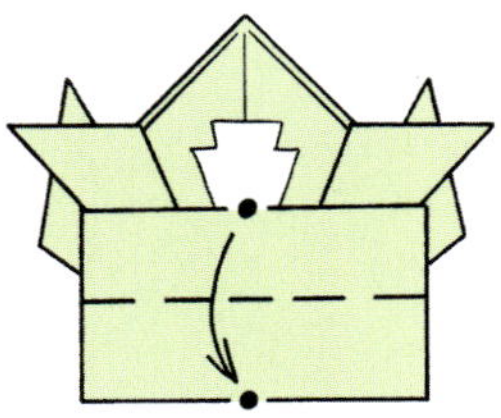

14

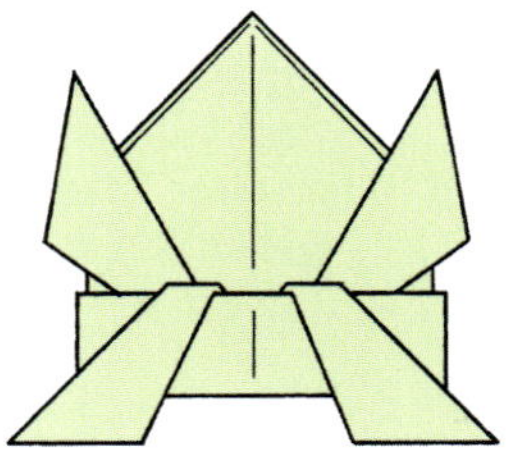

Die neu entstandene Klappe mit Talfalte nach unten halbieren. So sieht der Frosch von unten aus.

15

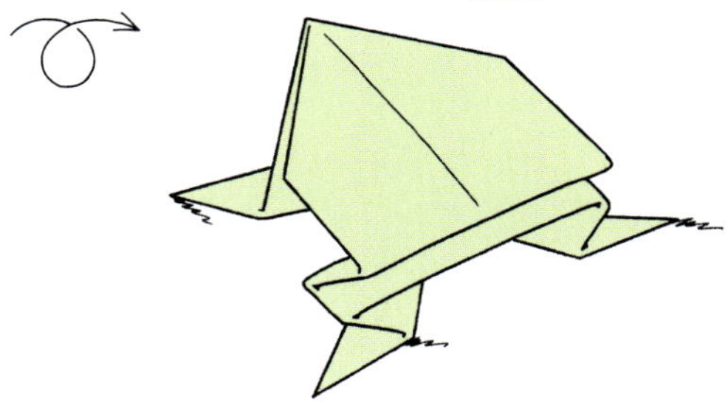

Und so von oben.

Grashüpfer

Von Kunihiko Kasahara

In Japan wohnt ein Mann, der nicht nur Origami-Meister, sondern auch sehr erfinderisch ist. Er hat sich diese wunderbare Figur ausgedacht. Der Grashüpfer ist nicht nur der einfachste und schönste seiner Art, sondern er springt auch am höchsten. Mit dem Zeigefinger auf die Hinterseite des Grashüpfers (wo die drei Spitzen sind) schlagen und ihn zurückspringen lassen. Du kannst auch zwei Augen malen, obwohl die Figur allein genügend Ausdruckskraft besitzt und keiner zusätzlichen Ausstattung bedarf.

Das brauchst du

- einfarbiges Papier, 15 x 15 cm groß
- eventuell Stift
- Zeigefinger
- Publikum

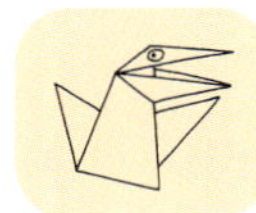

1

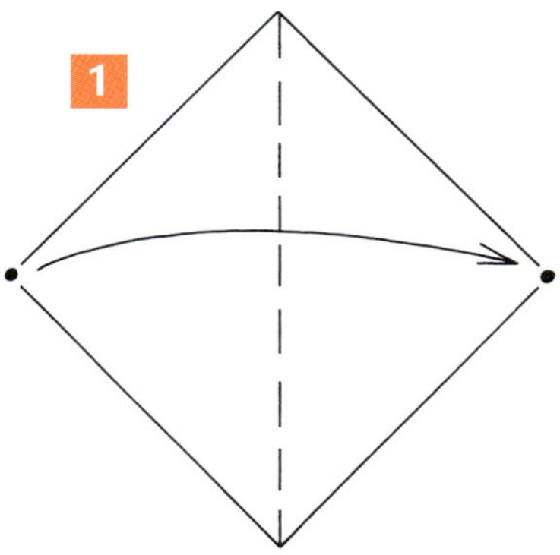

Quadrat über Diagonallinie mit Talfalte nach rechts halbieren.

2

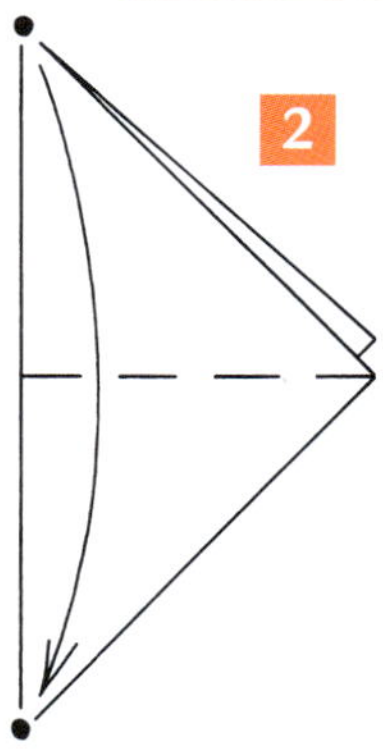

Doppeldreieck mit Talfalte symmetrisch nach unten halbieren.

3

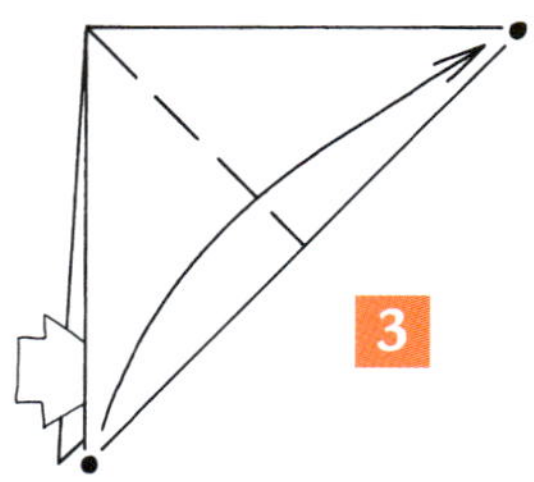

Obere Klappe mit Talfalte symmetrisch nach oben halbieren. Mit der unteren Klappe auf der Rückseite gleich verfahren.

4

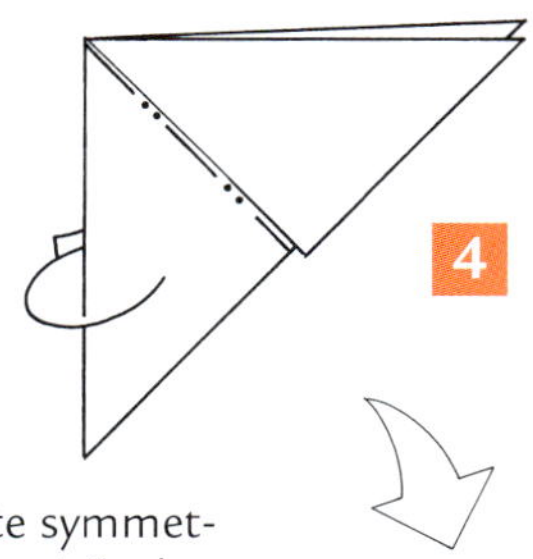

5

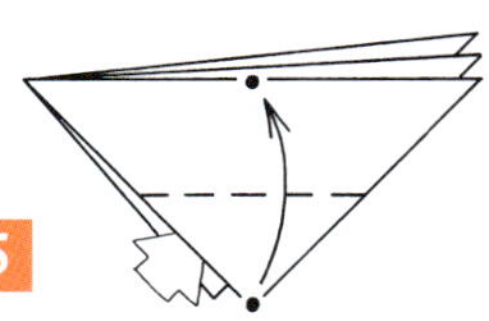

Obere Klappe mit Talfalte nach oben halbieren, das heißt, die untere Spitze kommt auf dem Mittelpunkt der oberen Kante zu liegen. Ebenso mit der unteren Klappe auf der Rückseite verfahren.

6

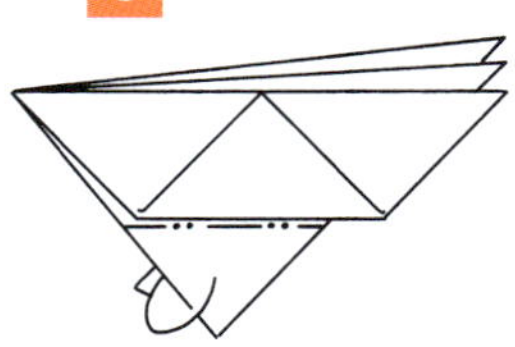

7

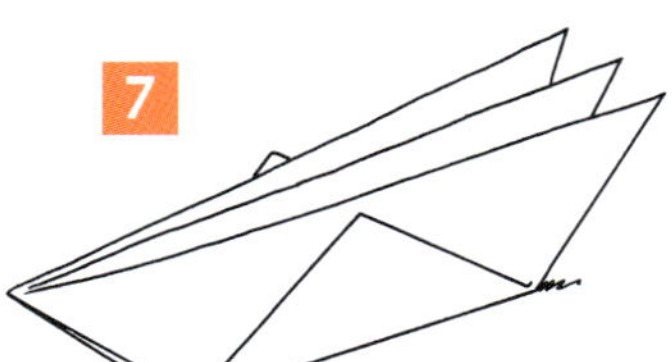

Figur leicht öffnen.

Zick-Zack

Bringe die Spitze der Daumen an die Spitze der jeweiligen vier anderen Finger, die dicht zusammenbleiben sollen. Bewege nun den Daumen mehrmals hin und zurück. Merkst du etwas? Deine Hände sind wie zwei Köpfe, die sprechen. Das Spielzeug ist das Kostüm für deine Hände. Du kannst die Gesichter als Ente, Mensch, Monster oder etwas anderes gestalten. Es hängt davon ab, was du darauf malst oder klebst.

Das brauchst du

- **einfarbiges Papier, 30 x 30 cm groß**
- **Stifte**
- **Publikum**

1

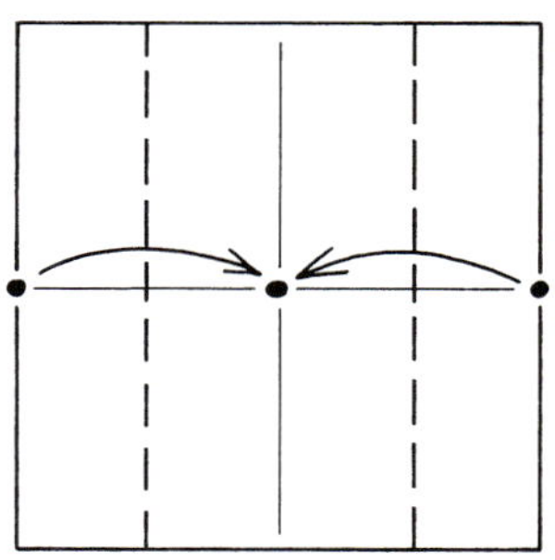

Kreuzlinien falten und entfalten. Die seitlichen Kanten auf die Mittellinie legen und talfalten.

2

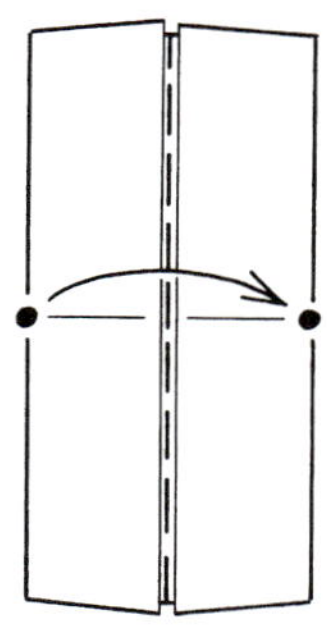

Die neue linke Kante über die Mittellinie nach rechts talfalten.

3

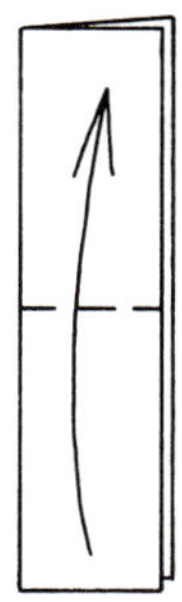

Die längliche Figur mit Talfalte quer nach oben halbieren.

4

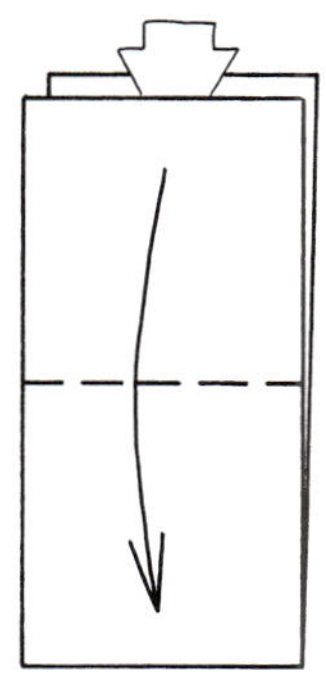

5

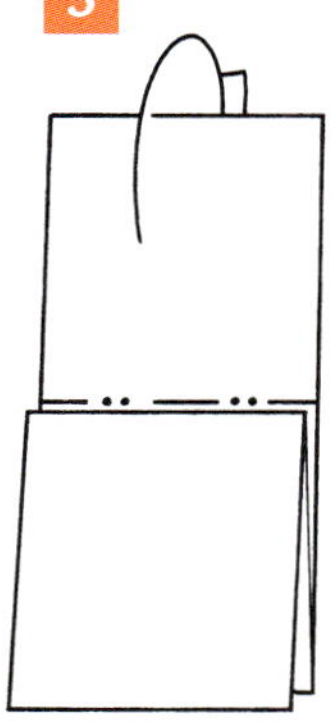

6

Die obere Klappe mit Talfalte quer nach unten halbieren. Mit der Rückseite ebenso verfahren.

7

8

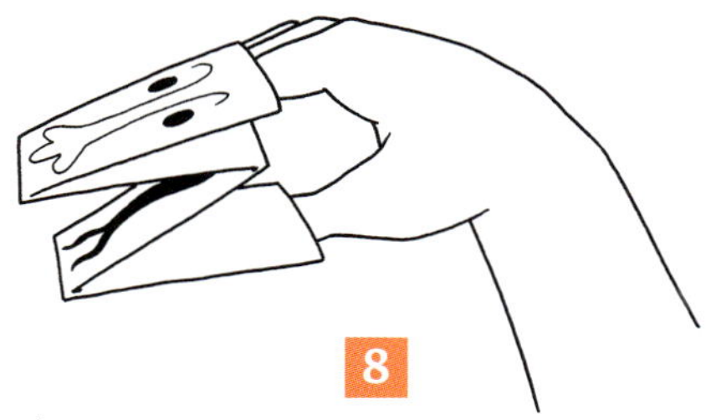

Die äußeren Klappen hinter der ersten Schicht öffnen und Finger hineinstecken.

Zirkuspferd

Mit dem Zeigefinger den Pferdeschwanz von unten nach oben schlagen. Das Pferd wird sich ein- oder mehrmals in der Luft drehen, bis es wieder auf allen vieren landet. Es klappt nicht immer, aber wenn du ein bisschen übst, kannst du deine Schläge immer besser kontrollieren. Damit die Sprünge besser funktionieren, müssen die Beine seitlich etwas gespreizt sein.

Das brauchst du

- einfarbiges Papier, 20 x 20 cm groß
- Schere mit abgerundeter Spitze
- Mitspieler oder Zirkuspublikum

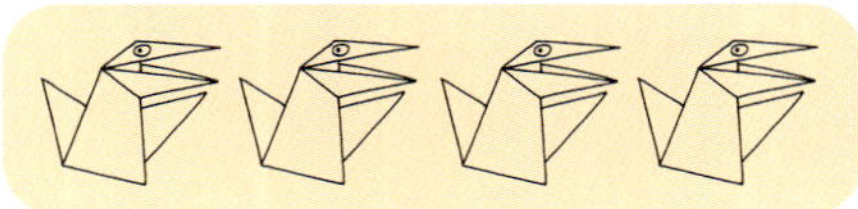

1

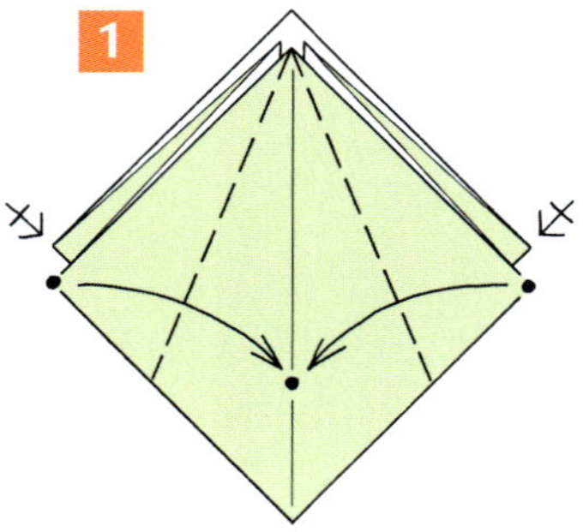

Zuerst Grundform A anfertigen (siehe Seite 12). Die Öffnung muss nach oben zeigen. Die oberen Kanten der oberen Klappe auf die Mittellinie legen und talfalten. Figur umdrehen und ebenso mit der Rückseite verfahren.

2

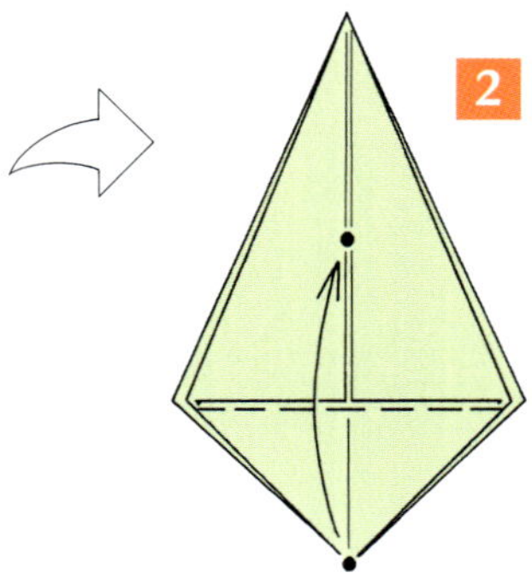

Die untere Spitze über die Tallinie zwischen den seitlichen Ecken nach oben talfalten.

3

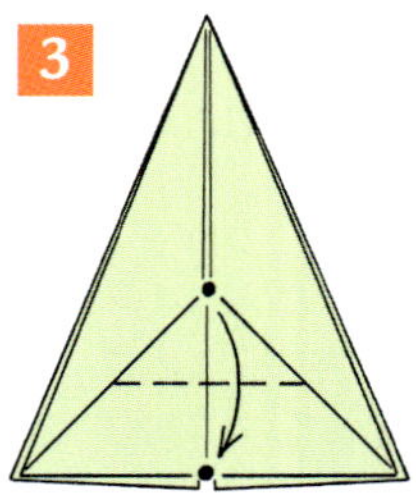

Obere Klappe mit Talfalte nach unten halbieren, das heißt, die Spitze der Klappe kommt auf dem Mittelpunkt der unteren Kante zu liegen. Die ganze Figur kräftig falzen und wieder entfalten.

4

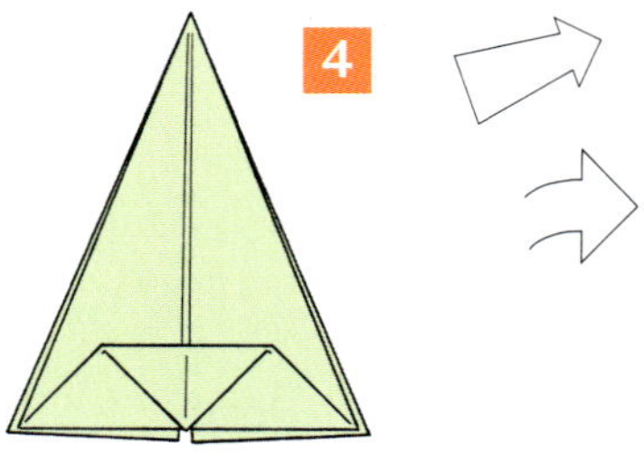

5

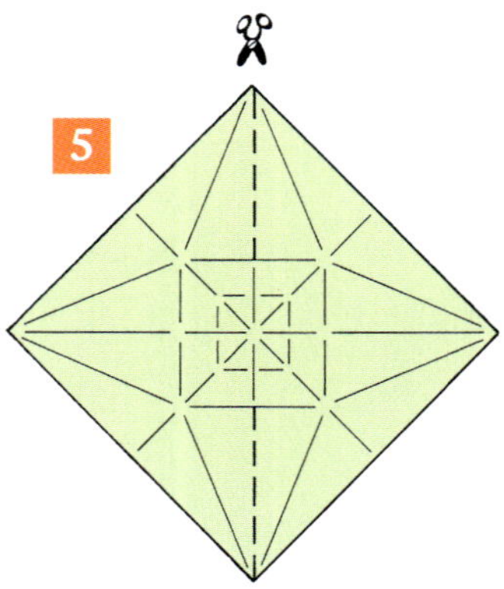

Eine der Diagonalen von beiden Ecken aus bis zur äußeren Quadratlinie einschneiden.

6

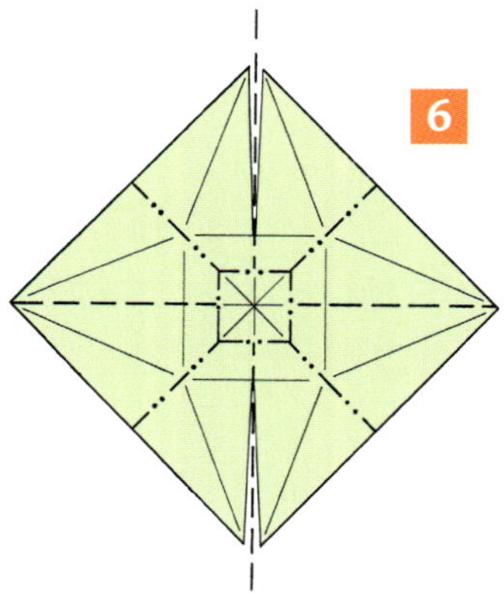

Die Diagonallinien talfalten und die Kreuzlinien bergfalten. Das innere Quadrat bleibt erhalten. Dadurch entsteht eine dreidimensionale Figur mit quadratischem Boden.

7

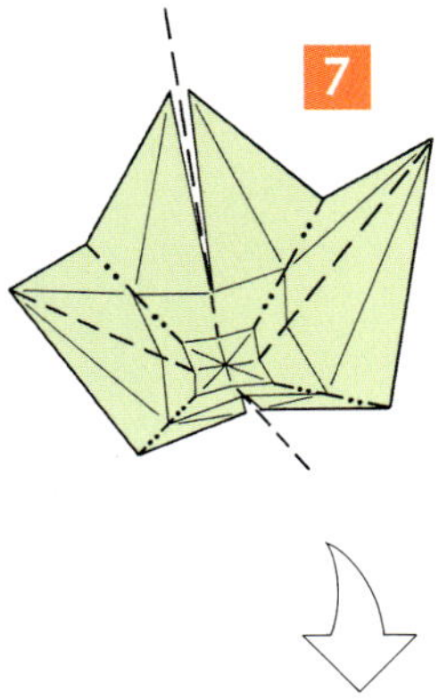

8

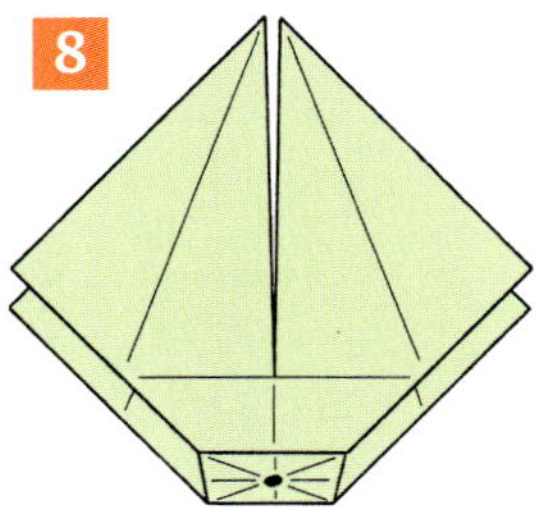

Mit einem Finger Punkt in der Mitte der Quadratfläche von außen eindrücken. Das geht ganz einfach, weil die dafür notwendigen Falten schon vorhanden sind. Die ganze Figur flach pressen.

12

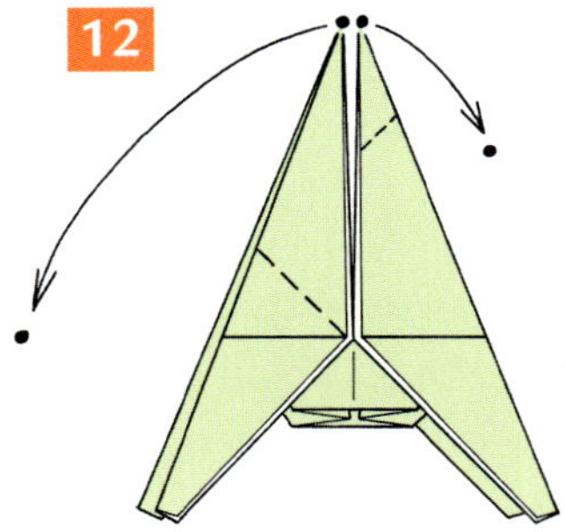

Die beiden oberen Spitzen über die jeweilige schräge Tallinie nach unten klappen und wieder entfalten.

11

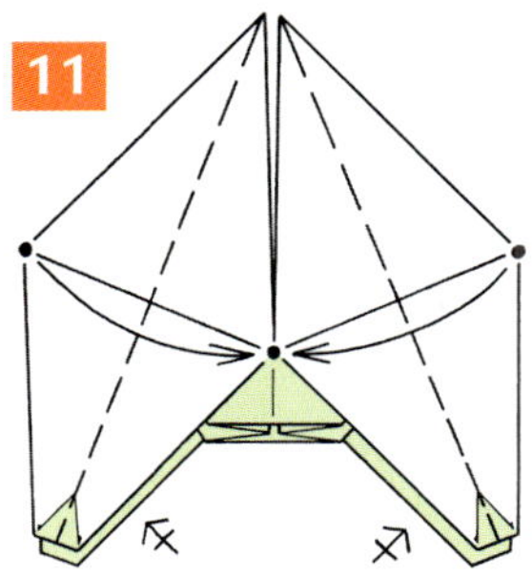

Die vier Außenklappen über die winkelhalbierenden Linien nach innen talfalten. Zuerst die beiden auf der Vorderseite, danach die auf der Rückseite.

9

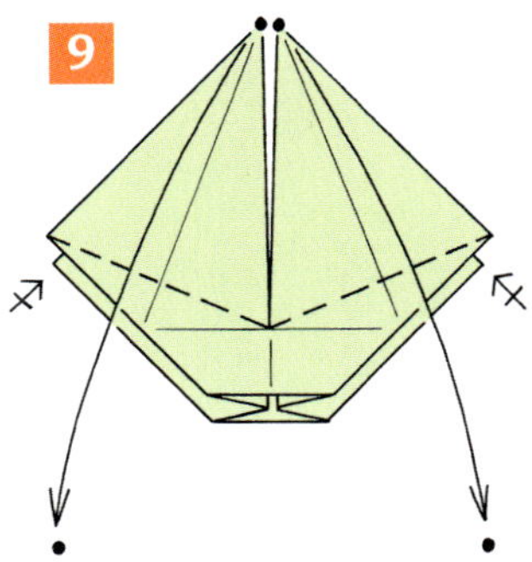

Alle vier äußeren Spitzen schräg nach unten falten, so weit es die Einschnitte erlauben und ohne diese einzureißen.

10

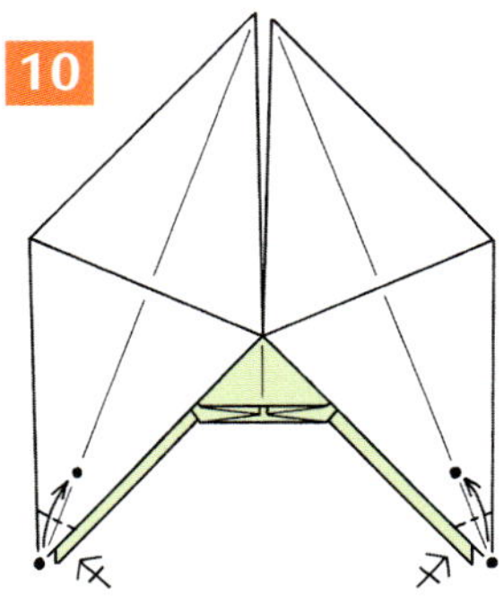

Die Spitzen der vier nach unten gefalteten Klappen nach oben auf die winkelhalbierenden Linien talfalten. Zuerst die beiden auf der Vorderseite, danach die auf der Rückseite.

13

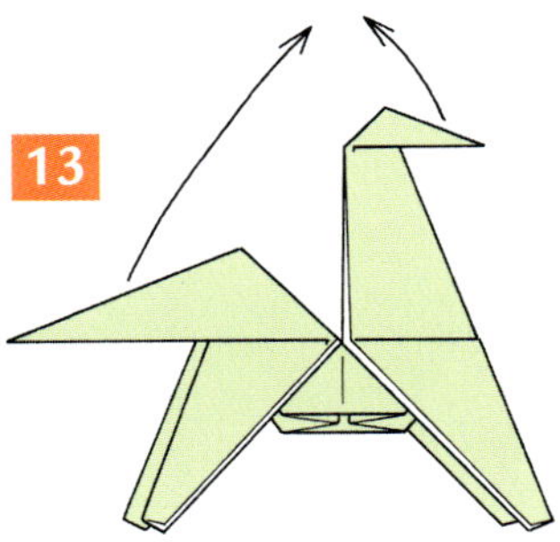

14

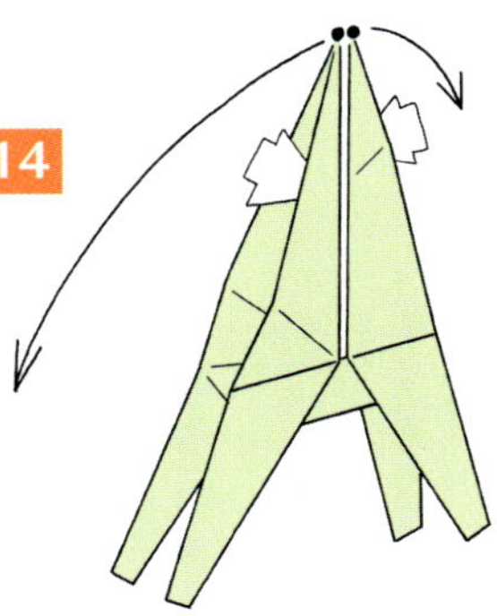

15

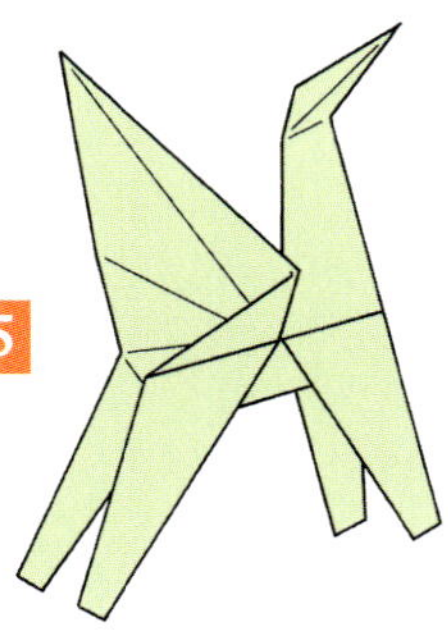

Beide Spitzen von der Außenseite aus weit öffnen und über die vorgefalteten Linien nach unten klappen, sodass die Außenschichten nach innen kommen.

16

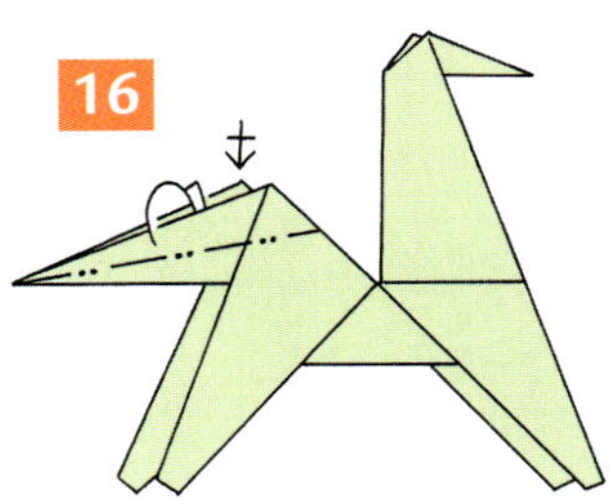

17

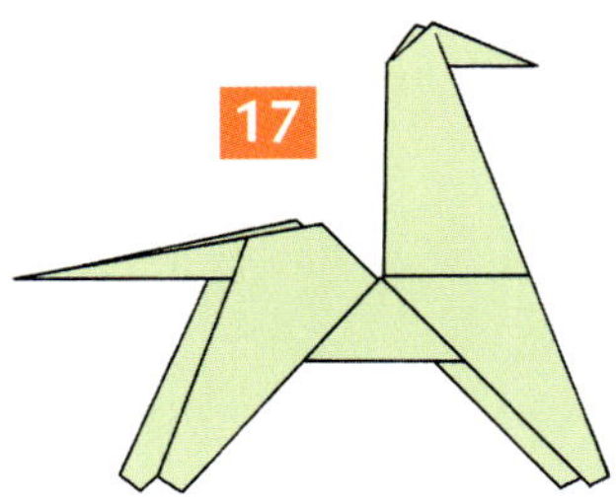

Die beiden Schwanzklappen über die lange winkelhalbierende Linie nach innen falten.

Monsterfisch

Diese Figur ist ein wahres Ungeheuer. Genau genommen hat dieser Fisch gar kein Maul, sondern einen riesigen Rachen. Du darfst die Figur nicht an den Hinterflossen ziehen, sondern du musst diese waagerecht nach außen drehen. Dann geht der Rachen auf. Wenn du einen größeren Papierbogen nimmst, kannst du mit diesem Monsterfisch auch das ganze Gesicht deines Freundes »fressen«. Willst du die Figur transportieren, brauchst du nur die Raute im Inneren des Rachens wieder senkrecht zu klappen, und alles wird sofort flach.

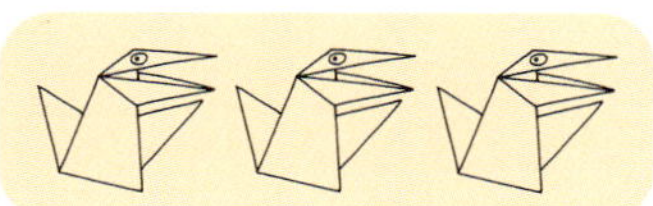

Das brauchst du

- ein- oder zweifarbiges, nicht zu dünnes Papier, 20 x 20 cm groß
- Stift
- Publikum

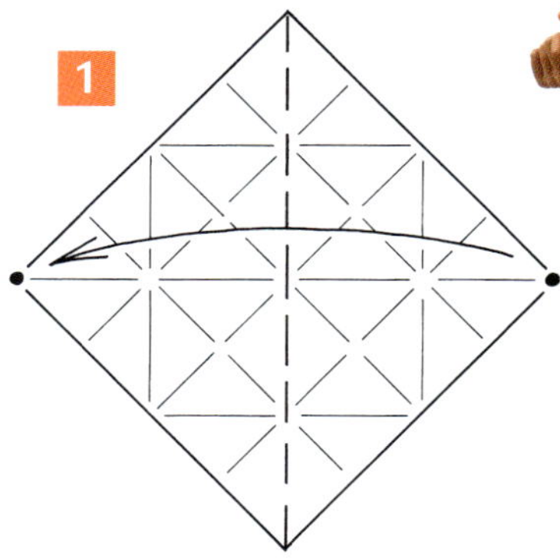

1

Zuerst Origami-Windmühle (siehe Seite 25) bis Schritt 4 anfertigen. Figur über die senkrechte Diagonallinie mit Talfalte nach links halbieren.

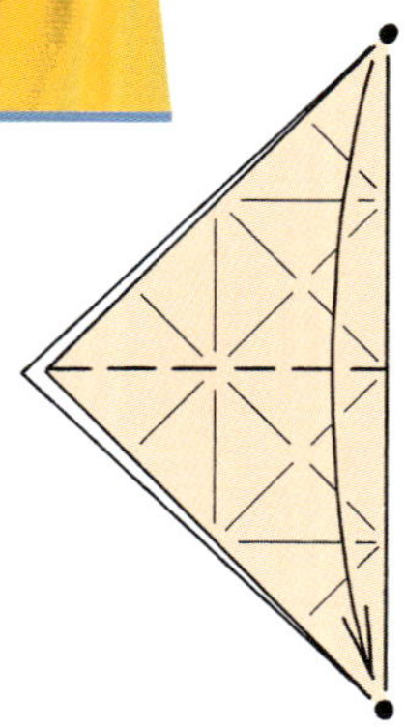

2

Die obere Dreieckhälfte mit Talfalte nach unten halbieren.

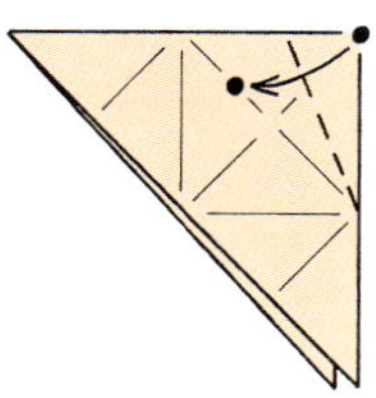

3

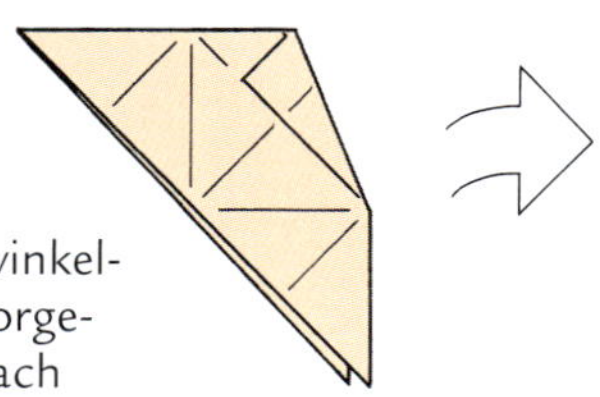

4

Die obere Kante über die winkelhalbierende Linie auf die vorgefaltete Linie talfalten. Danach alles wieder entfalten.

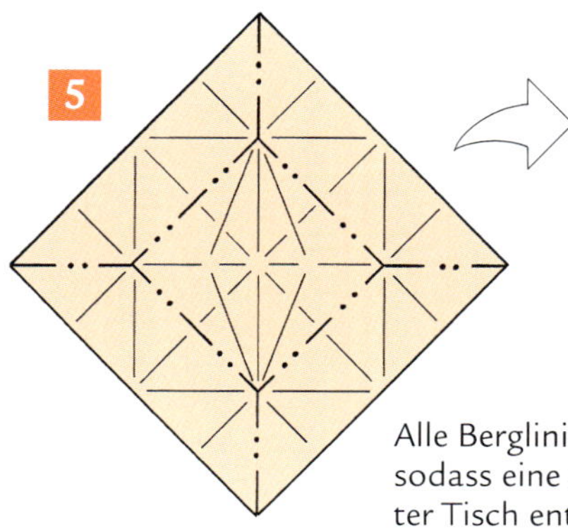

5

Alle Berglinien falten, sodass eine Art bedeckter Tisch entsteht.

6

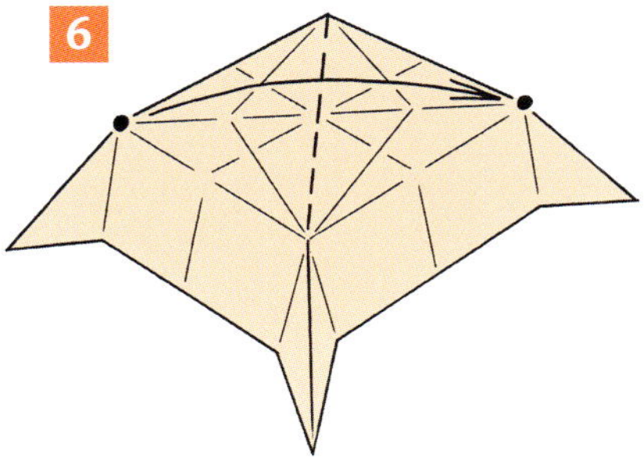

Die beiden gegenüberliegenden Orientierungspunkte seitlich der länglichen Raute über die diagonale Talmittellinie zusammenführen und die Flügel flach nach unten klappen.

7

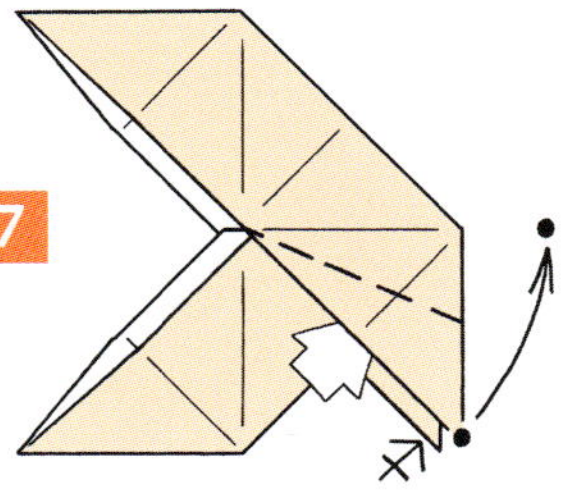

Die schräg verlaufende Kante der oberen Klappe auf die Quermittellinie legen und talfalten. Ebenso mit der Rückseite verfahren.

8

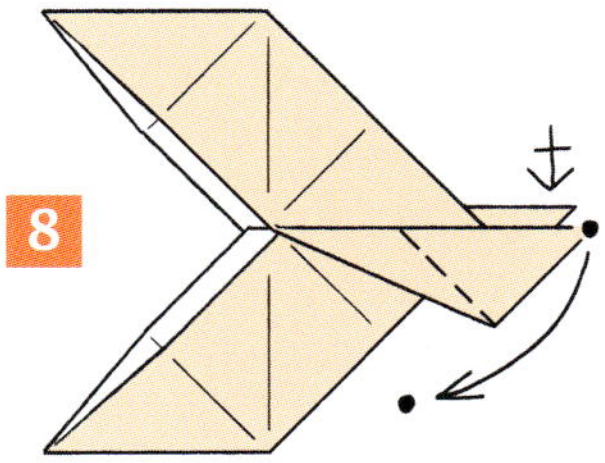

Die überstehende Spitze der oberen Klappe schräg nach unten talfalten. Ebenso mit der Rückseite verfahren.

9

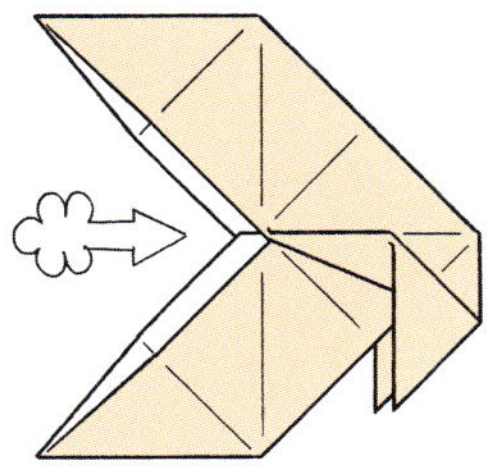

10

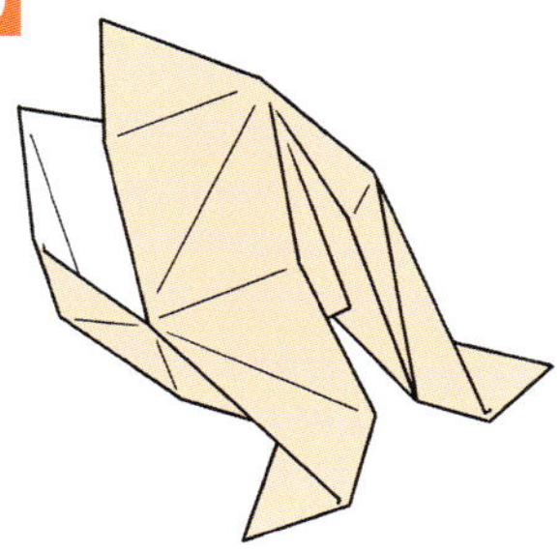

Die Klappen senkrecht aufstellen. Mit dem Finger die große Tasche links öffnen. Die im Rachen des Monsterfisches senkrecht verlaufende »Zunge« mit Hilfe der vorgefalteten länglichen Raute leicht nach hinten drücken.

11

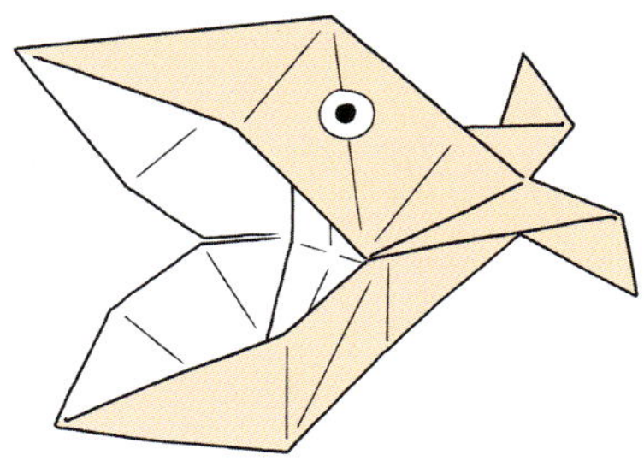

Augen anbringen.

Vogel

Von Makoto Yamaguchi

Mit diesem Vogel wirst du dein Publikum bestimmt erfreuen. Du kannst zwei Figuren ein Gespräch führen lassen, indem du sprichst und ihre Stimmen nachahmst. Wenn du zwei Augen malst, kannst du die Ausdruckskraft dieser Figur noch verstärken. Dann ist dein Vogel bereit, alle Nasen anzupicken und die anderen zu zwicken.

Das brauchst du

- **einfarbiges Papier, 20 x 20 cm groß**
- **Stift**
- **Publikum**

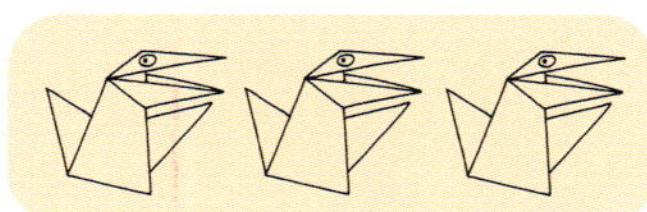

1

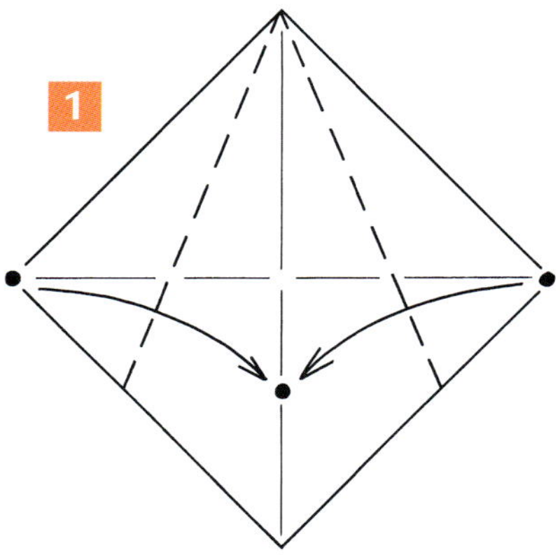

Diagonallinien falten und entfalten und die oberen Kanten der Raute auf die senkrechte Diagonale legen und talfalten.

2

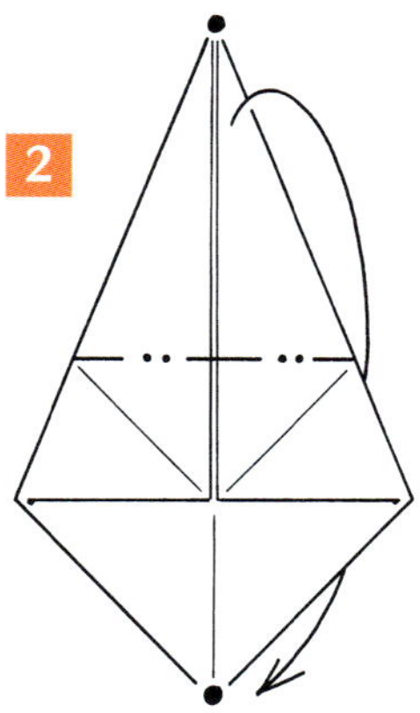

Obere Spitze nach hinten auf die untere Spitze bergfalten.

3

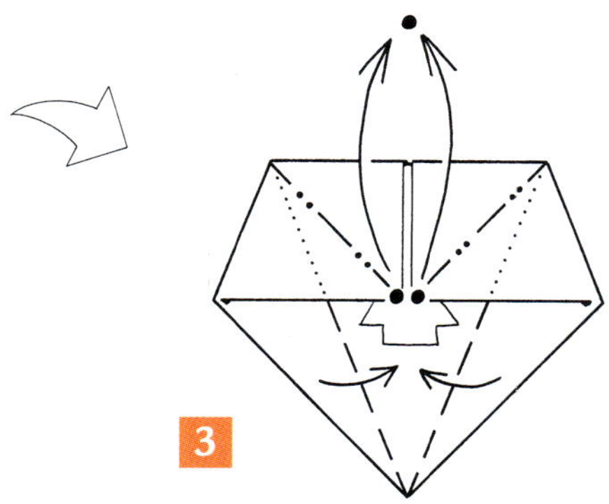

Obere Schicht öffnen, Spitzen nach oben ziehen und flach drücken.

4

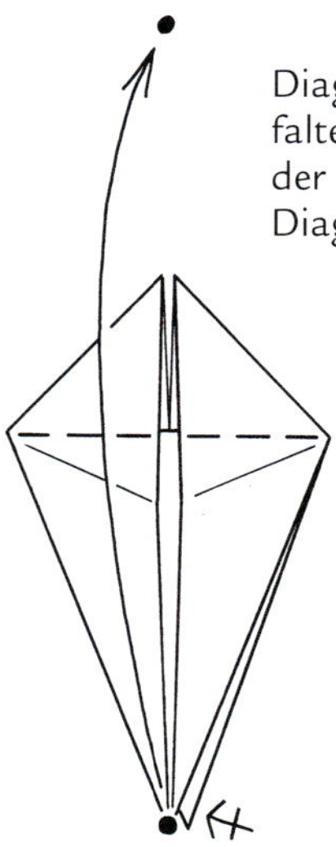

Die untere Spitze der oberen Klappe über Faltlinie nach oben talfalten. Mit der Rückseite ebenso verfahren.

5

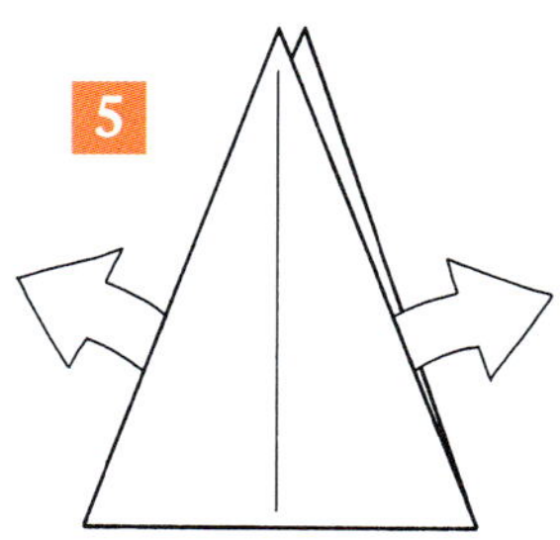

Die inneren kurzen Klappen so weit herausziehen, dass ihre Tallinien entlang den jeweiligen Kanten der äußeren Klappen verlaufen. Figur flach drücken.

6

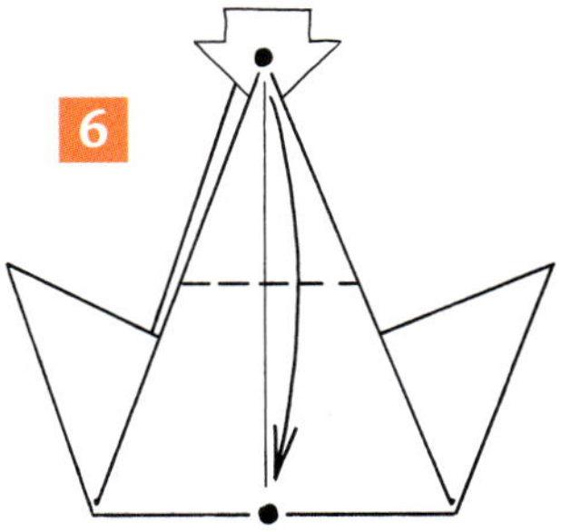

Spitze der oberen Klappe auf den Mittelpunkt der Unterkante legen und talfalten.

7

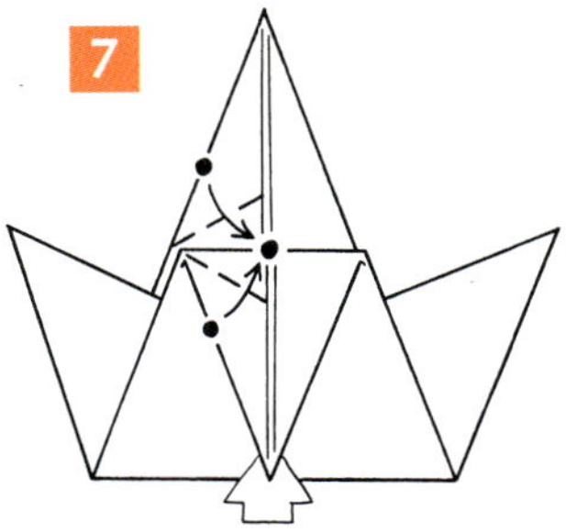

Die linken Kanten der oberen und der unteren Spitze nach rechts auf die Querlinie bis zur Mitte talfalten und wieder entfalten.

8

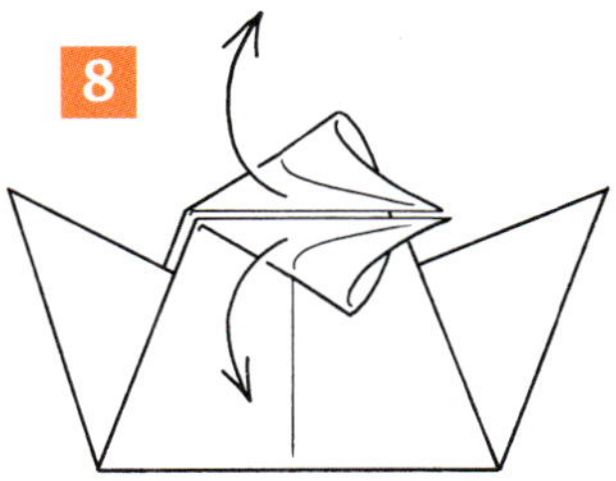

9

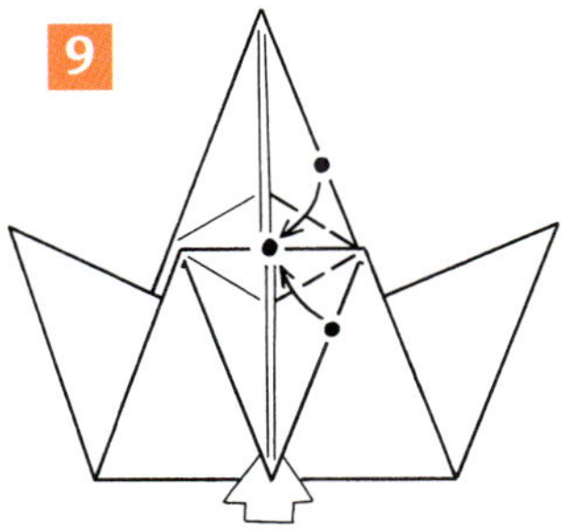

10

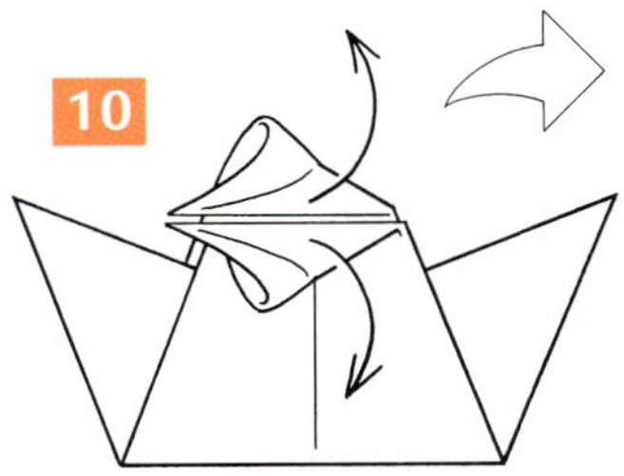

Die rechten Kanten der oberen und der unteren Spitze nach links auf die Querlinie bis zur Mitte talfalten und wieder entfalten.

11

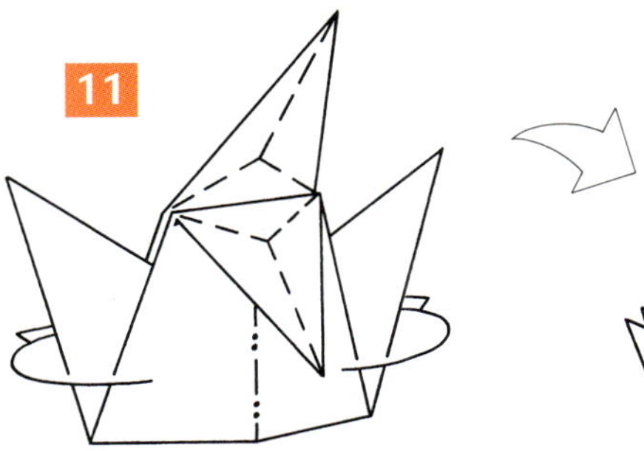

Die beiden seitlichen Klappen des Vogels nach hinten bergfalten, bis die Figur flach ist. Fast automatisch wird der Schnabel nach vorne gebogen.

12

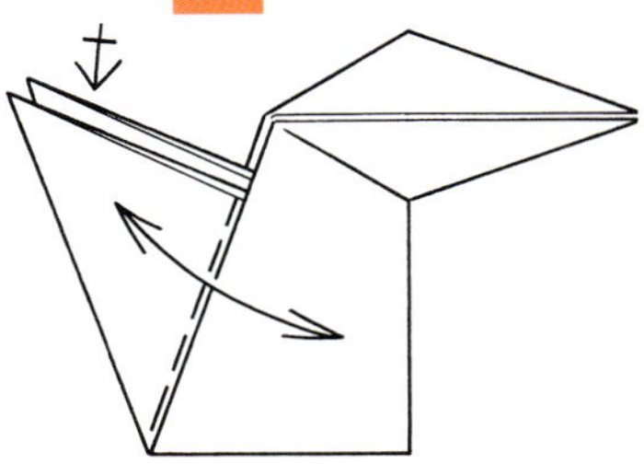

13

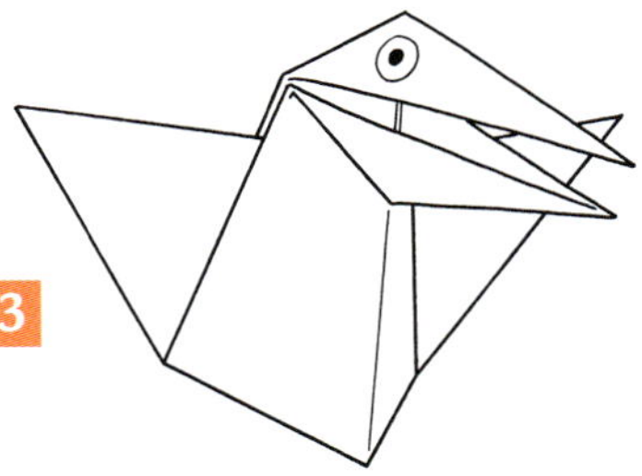

Die Flügel nach vorne talfalten und senkrecht aufstellen.

Mund

Von Young Soon Lee

Diese Figur ist echt beeindruckend. Mit ihrer Hilfe kannst du mit deinen Freunden sprechen, aber auch Küsse verschenken. Sie ist zusammenklappbar und lässt sich jederzeit in deiner Hosentasche transportieren. Wenn du diese Figur vor deinen Mund hältst, kannst du so tun, als wäre es dein Mund. Mit dem echten sprichst du, und mit dem aus Papier verzauberst du dein Publikum. Aber du kannst diese Figur auch so darstellen, dass sie nicht dein Mund ist, sondern ein Mund ohne Körper, mit dem du ein Gespräch führst.
Wenn du die Papierfarbe auswählst, achte darauf, dass die Farbe der Vorderseite im ersten Schritt zur Lippenfarbe passt, z. B. rot oder rosa.
Beim Ziehen zur Seite versuche nicht, den ganzen Umfang der Lippen aufzuklappen. Es wirkt echter, wenn du den Mund nur ein bisschen öffnest.

Das brauchst du

- **zweifarbiges, nicht zu dickes Papier, 15 x 15 cm groß**
- **Publikum**

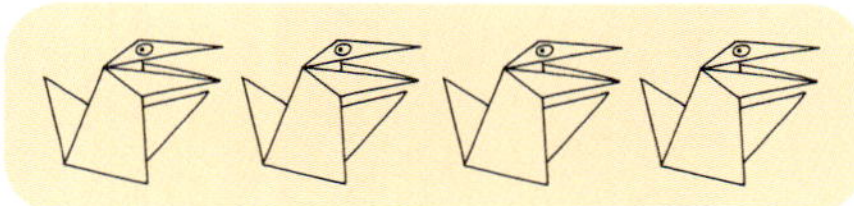

1

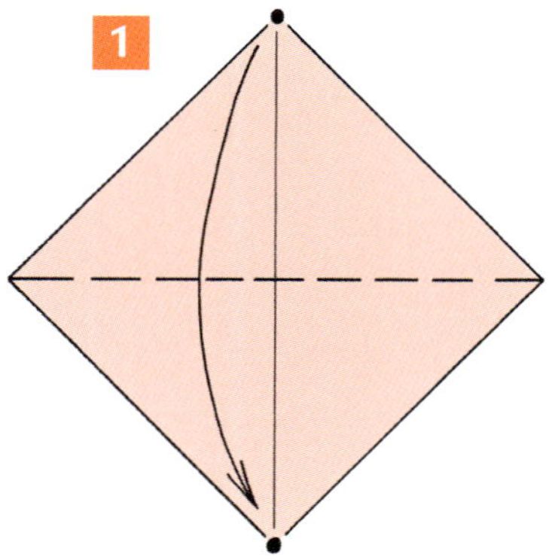

Die senkrechte Diagonallinie falten und entfalten. Über die andere Diagonallinie die Figur halbieren und nach unten talfalten.

2a

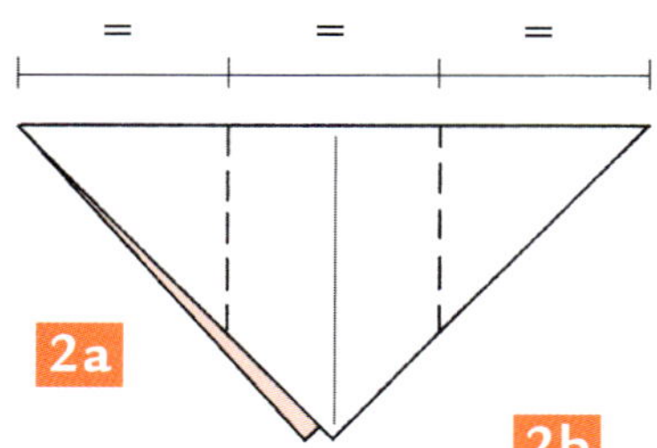

2b

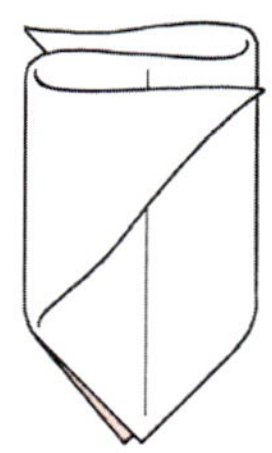

Das Dreieck mit Talfalten in drei gleichmäßige Abschnitte teilen und wieder entfalten. In Schritt 2b siehst du, wie man eine Papierfläche am schnellsten dritteln kann.

3

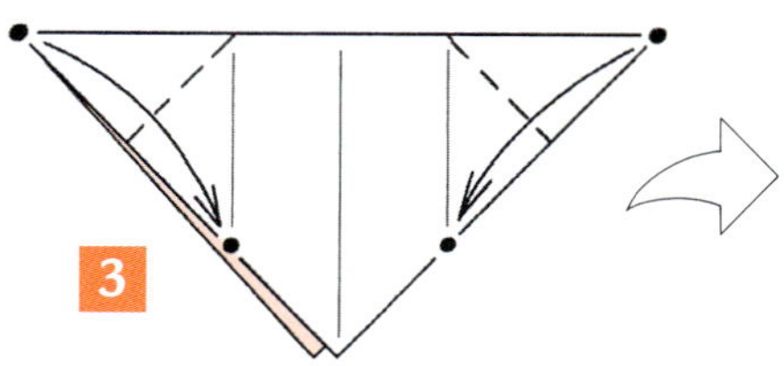

Beide seitlichen Spitzen nach unten so talfalten, dass die Oberkanten auf den vorgefalteten senkrechten Linien zu liegen kommen.

4

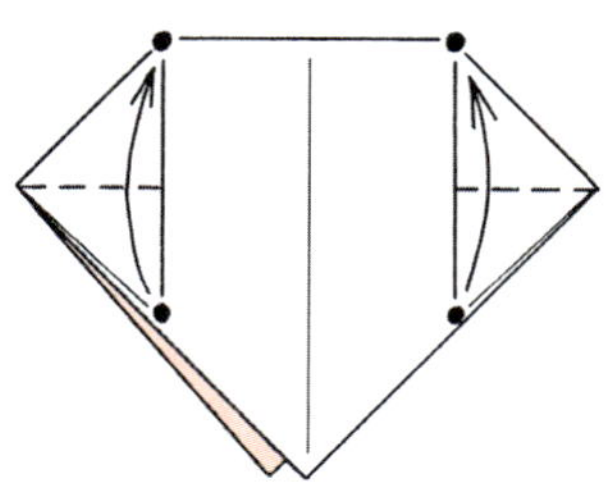

Beide seitlichen Klappen mit Talfalte nach oben halbieren.

5

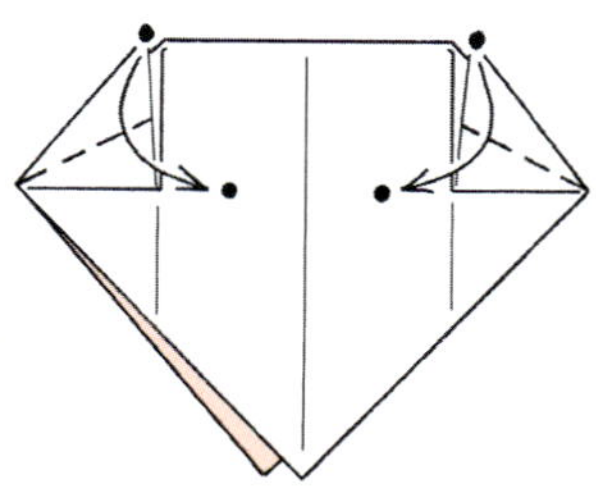

6

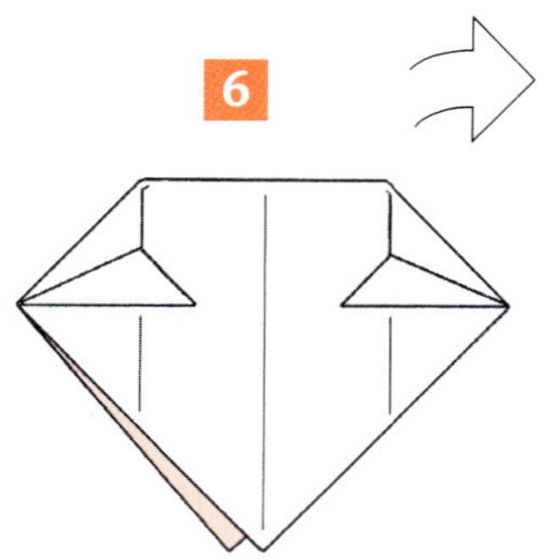

Beide seitlichen kleinen Klappen nach unten so talfalten, dass die schrägen Kanten auf der Querlinie zu liegen kommen. Danach die ganze Figur wieder entfalten.

7

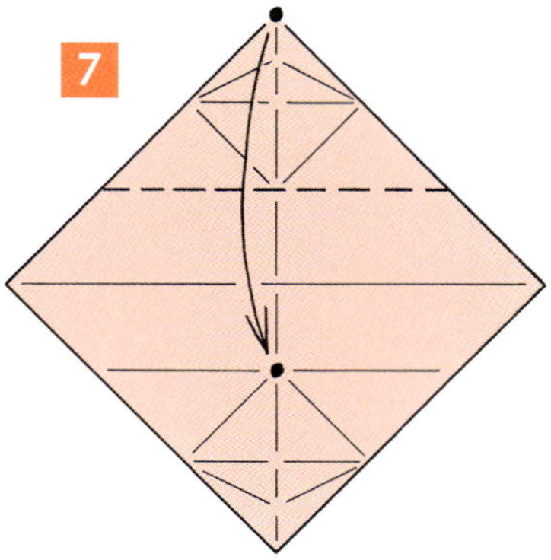

Die obere Ecke über die vorhandene Faltlinie nach unten talfalten und die Orientierungspunkte miteinander verbinden.

8

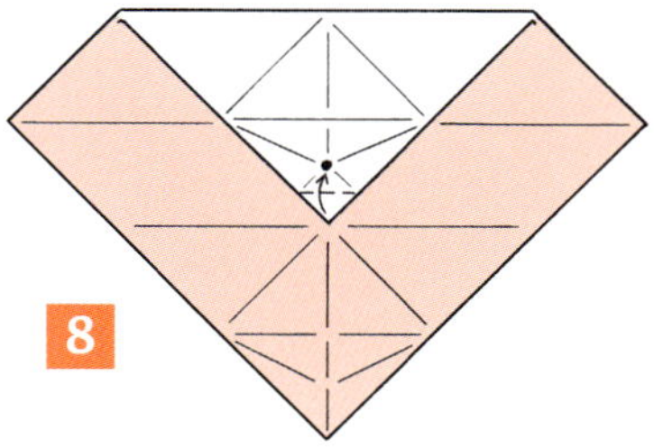

Die Spitze der Klappe nach oben bis zur ersten vorhandenen Linienkreuzung talfalten.

9

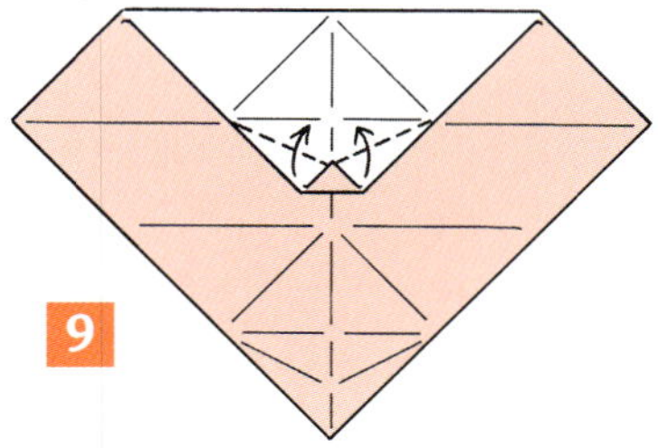

Die beiden Kanten der Klappe gleichzeitig über die winkelhalbierenden Linien nach oben senkrecht aufstellen, ohne eine Spitze zu falten.

10

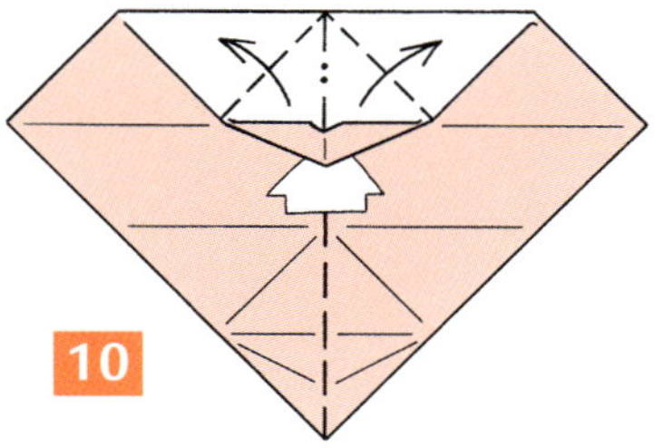

Die Klappe von innen leicht öffnen und die vier im Bild markierten Linien gleichzeitig falten. Mit dieser Faltung wird die Figur dreidimensional.

11

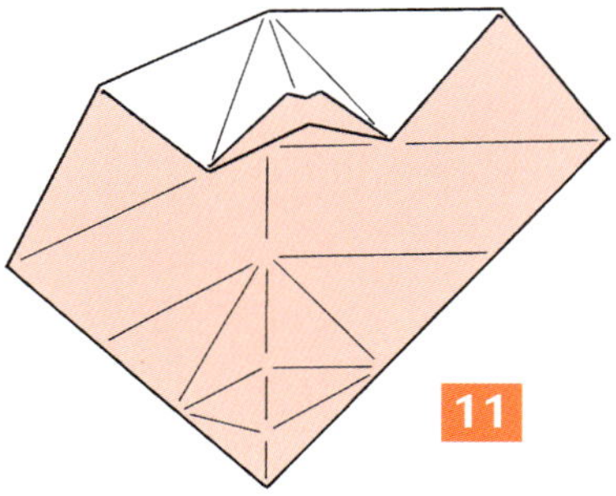

Schritte 7 bis 10 an der unteren Ecke der Figur wiederholen.

12

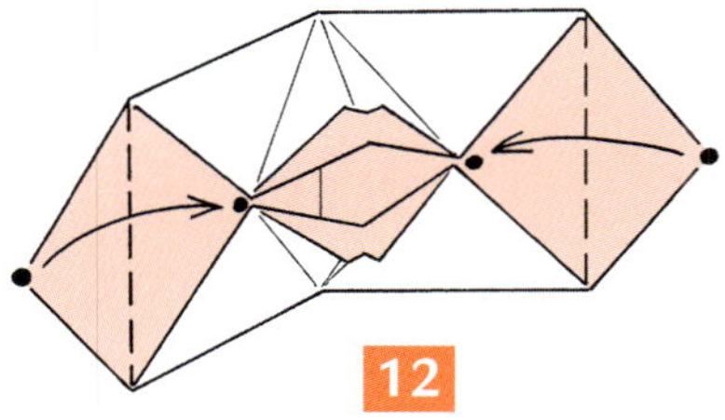

Beide seitlichen Ecken nach innen über Faltlinie talfalten.

13

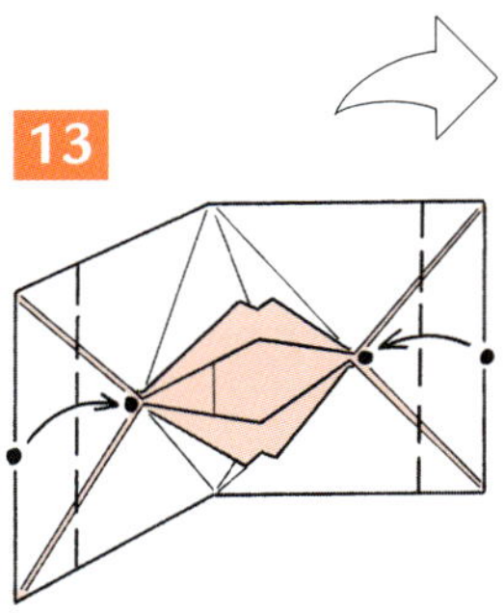

Außenklappen über die senkrechten Tallinien nach innen halbieren.

14

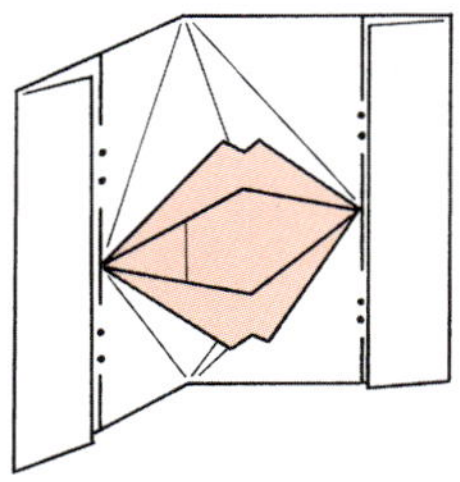

15

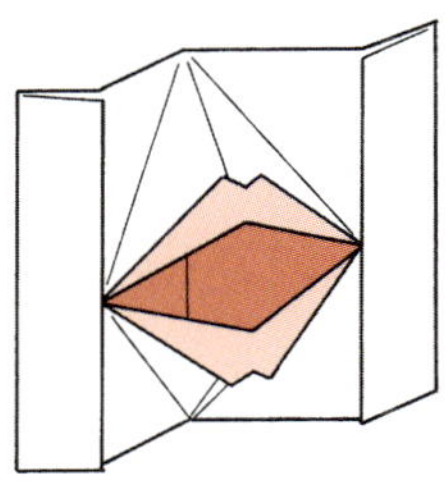

Die schmalen Seitenklappen über Berglinie nach hinten falten und senkrecht aufstellen.

Tipp

Du kannst den Mund auch aus einem riesig großen Papierquadrat basteln.

Lexikon

Zur Vermeidung längerer Formulierungen wurden folgende Begriffe verwendet:

talfalten = im Tal falten
bergfalten = im Berg falten
Tallinie = Faltlinie im Tal
Berglinie = Faltlinie im Berg

Diagonale

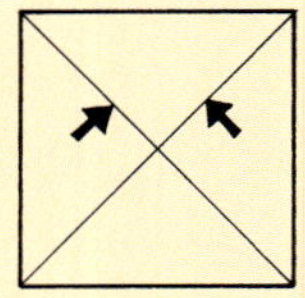

Ecke

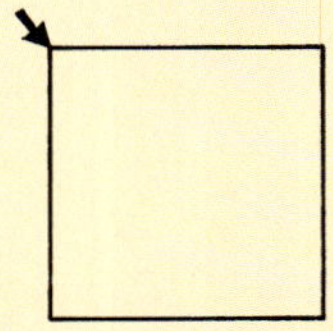

Falte

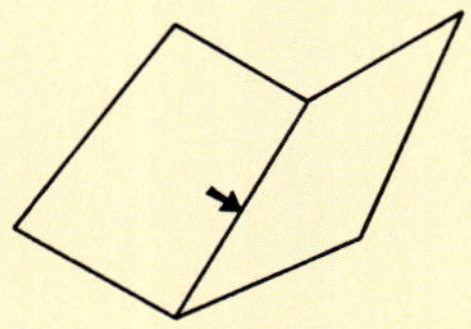

Faltlinie

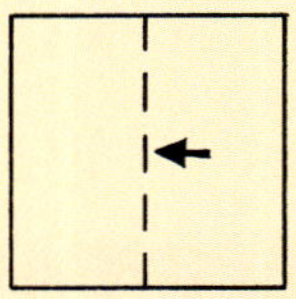

Faltung (Prozess)

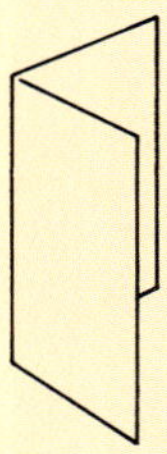

Figur (Objekt)

Kante

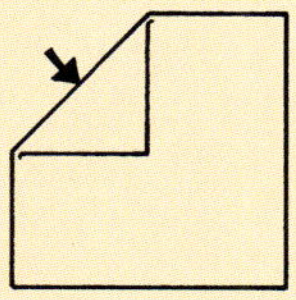

Klappe

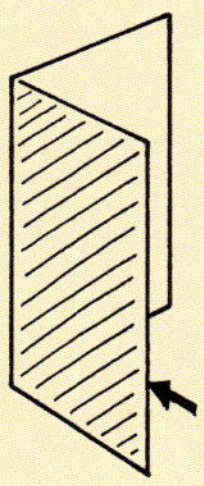

Kreuz

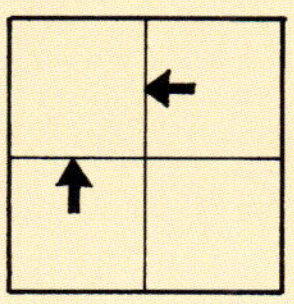

Pfeil

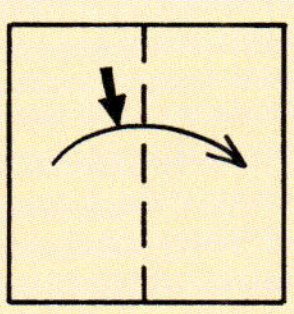

Pfeilanfang

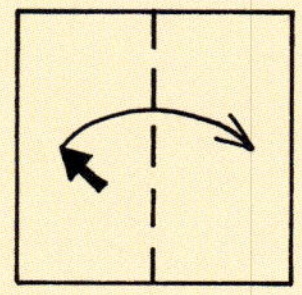

Pfeilspitze

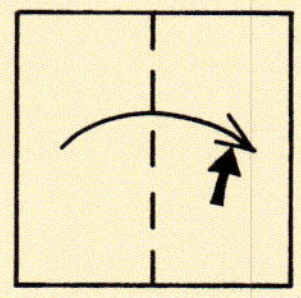

Rückseite

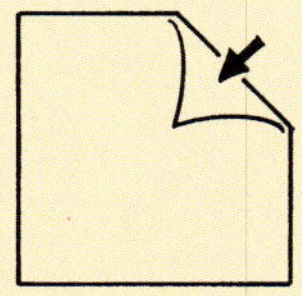

Schicht

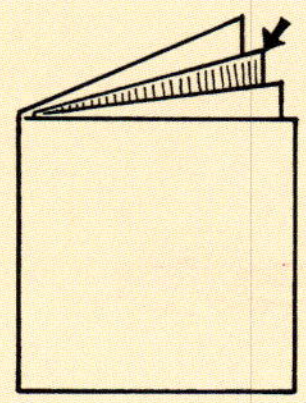

Spitze

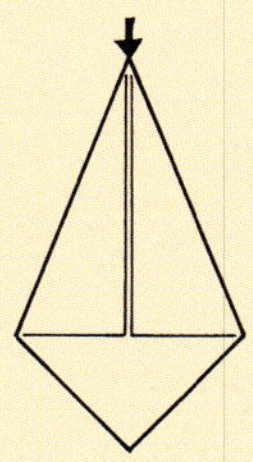

Vorderseite

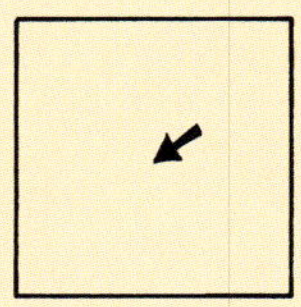

Anmerkung zu den Quellen

Der größte Teil der Faltobjekte stammt aus dem umfangreichen Schatz traditioneller und klassischer Figuren. In vielen Fällen ist es nicht mehr möglich, den Schöpfer der Faltung ausfindig zu machen.

Um niemanden zu benachteiligen, habe ich weitgehend auf Namensnennungen verzichtet. Ich bitte um Verständnis für diese Entscheidung.

Haftung

Mag manch eine Spielbeschreibung auch dazu verleiten, den Mitmenschen einen kleinen Schelmenstreich zu spielen, so ist der Umgang mit den Figuren doch, sofern er korrekt verläuft, keineswegs gefährlich und verursacht weder Personen- noch Sachschaden. Für die Folgen eines unsachgemäßen Umgangs haften weder Autor noch Verlag.

Der Autor des Buches

Joan Sallas i Campmany wurde in Badalona bei Barcelona geboren. Eigentlich ist er von Beruf kein Origamist im engeren Sinn, sondern humoristischer Cartoonist und Anleitungszeichner. Obwohl er bereits als Kind von seinem Großvater das Papierfalten gelernt hatte, wurde erst durch seine zeichnerische Tätigkeit der Bezug zum Origami intensiviert. Sein Spezialgebiet sind Papierhüte. Über dieses Thema veröffentlichte er sein erstes Origami-Buch, in dem er eigene Erfindungen vorstellte.

Je nach Bedarf leitet er Origami-Werkstätten und organisiert Origami-Ausstellungen. Als Zeichner und Cartoonist hat er seine Werke bisher in Spanien, Deutschland und Rumänien ausgestellt und veröffentlicht. Der Autor ist Mitglied von Origami Deutschland e.V. und von Origami München e.V. Das Schicksal führte ihn 1995 nach Freiburg im Breisgau, wo er sein neues Zuhause fand.

Gerne beantwortet der Autor Fragen seitens der Leser. Für Anregungen wäre er sehr dankbar.

Er ist unter folgender E-Mail-Adresse zu erreichen:
sallas-origami@web.de

Wichtige Adressen:

Origami Deutschland
Verein zur Förderung des Papierfaltens e.V.
PF 1630
85316 Freising
www.papierfalten.de

Origami München
Verein zur Förderung und Verbreitung der internationalen Papierfaltkunst e.V.
PF 221324
80503 München
www.datt.co.jp/origami/other/organization.html

Danksagung

Ich bedanke mich sehr herzlich beim Augustus Verlag für die Veröffentlichung dieses Buches. Insbesondere gilt mein Dank Frau Susanne Gugeler sowie den Herren Manfred Braun, Klaus Lipa und Michael Stiehl, die sich sehr für dieses Projekt begeisterten und für eine gute Zusammenarbeit sorgten. Ferner schulde ich Herrn Kunihiko Kasahara Dank für die Erlaubnis, seinen tollen »Grashüpfer« in diese Sammlung mit aufnehmen zu dürfen. Und natürlich möchte ich mich bei allen Freunden bedanken, die mich bei diesem Projekt unterstützten, vor allem bei Iñaki Lekuona, Hansi Breier, Familie Müller-Ferrando, Eva Otaegui, Chiara Morandi und bei Maria Richter, die die Texte einer letzten Korrektur unterzog.

Bibliografische Information
Der Deutschen Bibliothek
Die Deutsche Bibliothek verzeichnet diese Publikation in der Deutschen Nationalbibliografie; detaillierte bibliografische Daten sind im Internet über http://dnb.ddb.de abrufbar

---

Fotografie: Klaus Lipa, Diedorf bei Augsburg
Zeichnungen: Joan Sallas, Freiburg i. Br.
Lektorat: Susanne Gugeler, Mering
Umschlagkonzeption: Zero Werbeagentur, München

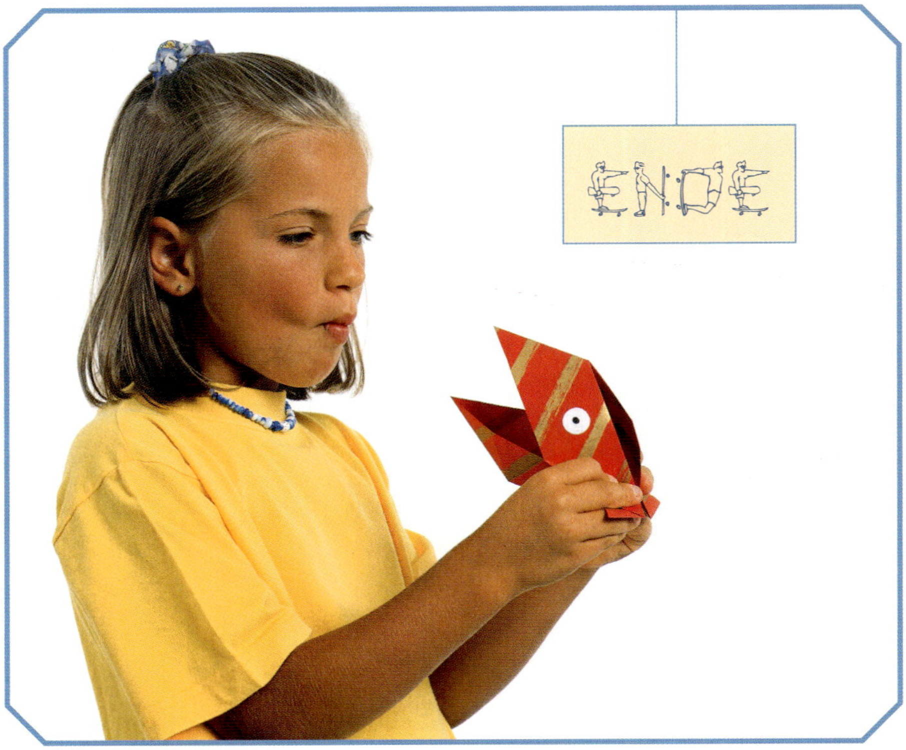

Umschlaglayout und Herstellung: Elke Martin
Satz und Layout: Michael Stiehl, Leipzig

Reproduktion: kaltnermedia, Bobingen
Druck und Bindung: Appl OHG, Wemding

Gedruckt auf 115 g umweltfreundlich chlorfrei gebleichtem Papier.

ISBN 3-426-66958-7
Printed in Germany

Bitte besuchen Sie uns im Internet:
www.droemer-knaur.de
Weitere Titel aus dem Bereich Kreativ finden Sie im Internet unter:
www.knaur-kreativ.de

Noch eine Danksagung

Autor, Fotograf und Verlag bedanken sich bei den Kindern, die fröhlich und begeistert von ihrem Auftrag bei den Fotoaufnahmen mitgewirkt haben.

Es waren dabei:

Anja und Matthias Belak und Annika und Saskia Steibel, alle aus Diedorf bei Augsburg. Dieser Dank geht auch an die geduldigen Eltern, die ihre Kinder begleitet haben.